실전에서 바로 써먹을 수 있는 마케팅 비법을 알고 싶은 당신에게

# 마케팅 때문에
# 고민입니다

실전에서 바로 써먹을 수 있는 마케팅 비법을 알고 싶은 당신에게

# 마케팅 때문에 고민입니다

**이승민** 지음

이코노믹북스

온라인마케팅,
6가지만 알면 됩니다!

　마케팅을 시작한 후로 참 다양한 업종의 여러 업체들을 만났다. 대부분은 소개를 통해 시작된 인연인데, 그렇게 소개를 받고 처음 만남을 가지면 어김없이 듣게 되는 이야기가 있다. "마케팅 때문에 참 고민입니다." 하는 말.

　그렇다. 세상에 손님이 없이 이루어지는 사업은 없다. 아무리 좋은 제품이라도 고객이 알아주지 않는다면 아무 쓸모가 없다. 멋진 아이템을 가지고 희망찬 창업을 하지만, 그중의 80%는 제품을 고객들에게 알리지 못해 결국 폐업의 길을 걷는다. 실제로 소개를 받고 미팅을 가보면 아이템이 안 좋아서 어려움을 겪고 있는 분들은 거의 없었다. 다들 마케팅 단계에서 적절한 해법을 찾지 못해 헤매고 있을 뿐이었다.

"제품이 좋아서 한번이라도 써보기만 하면 재구매가 나올 텐데, 도무지 알릴 방법을 모르겠네요."
"어디서부터 어떻게 시작해야 할지를 모르겠어요."
"우리한테는 어떤 마케팅이 적합한가요?"
"업체한테 맡겨서 마케팅을 해봤는데, 기대한 것처럼 결과가 안 나오네요……."

〈마케팅 때문에 고민입니다〉는 그간 강의와 컨설팅을 하며 가장 많이 들었던 질문들을 바탕으로 그에 대한 나의 답변을 한 권의 책으로 정리한 것이다. 지금도 아마 많은 분들이 저런 답답한 마음을 안고 있을 것이다. 그런 분들을 모두 만날 수는 없기에, 나는 그동안 직접 경험하고 쓰디쓴 수업료를 지불하며 얻은 중요 팁들을 책으로 정리하자고 마음먹었다.

'우리 기업을 어떻게 알리지?' '우리 가게를, 우리 쇼핑몰을, 우리 병원을 어떻게 알리지?'라는 고민을 가진 사람들이 나처럼 엄청난 시간과 비용을 허비하지 않도록 하기 위해서 말이다.

나는 수천 건이 넘는 마케팅 실무를 대행하다 보니 업종을 불문하고 잘나가는 곳들이 가지는 몇 가지 공통점들을 발견할 수 있었다.

잘나가는 곳들은 결코 그중 하나만 뛰어난 경우가 없었다. 기본만 충실하다 해서 매출이 느는 게 아니었고, 테크닉만 화려하다 해서 사업이 지속적으로 클 수 있는 게 아니었다. 음식만 맛있다고 장사가 잘 되는 게 아니고, 모객만 잘한다 해서 매출이 계속 느는 게 아닌 것처럼 말이다.

그들은 앞으로 이 책에서 설명할 6가지 온라인마케팅 핵심원리를 골고루 이해하고 잘 활용하고 있었다. 이 책을 집어든 여러

분도 이 6가지 원리를 잘 익혀서 멋진 성공사례의 주인공이 되었으면 좋겠다.

혹자는 이쯤에서 이렇게 말할지도 모르겠다. 하나도 제대로 하기 힘든데, 어떻게 그리 많은 걸 한꺼번에 다 잘 할 수 있겠냐고. 그렇지만 걱정 마시라. 그들에게도 힘든 초창기 시절이 있었다. 매일매일을 여러분처럼 고민했고, 수많은 시행착오를 거쳐서야 결국 그 수준에 도달했다. 그리고 내가 알려줄 6가지 핵심 원리는 정말 쉽고 간단한 것들이다!

아무리 그럴듯한 마케팅 책이라도, 단 한 줄 내 업에 적용하기는 참 힘들다. 그래서 나는 조금이라도 더 쉽게 적용할 수 있게 직접 해 보고 깨달은 세세한 팁들까지 최대한 자세히 담으려고 노력했다. 마구잡이로 시도해 성공했던 마케팅들까지도 모두. 심지어 대행사에 맡기게 될 경우에는 무엇을 알고 있어야 하며, 어떤 부분을 주의해야 하는지까지도 실제 사례를 들어가면서 최대한 자세히 설명했다. 누구라도 이 한권만 보면 온라인마케팅에 있어서만큼은 최소 중간 이상은 할 수 있게 만들겠다는 일념으로 말이다. 그러니 이 책을 읽고 나면 머리로만 이해하지 말고 반드시 몸으로 '실행' 하시기 바란다.

소비자들은 점점 스마트해지고, 온라인의 영향으로 창업의 문턱이 낮아지는 만큼 경쟁은 점점 치열해지고 있다. 경기는 계속 안 좋아지고, 중소기업들은 아예 살아남기조차 힘든 시기라고 한다.

하지만 그 와중에도 꿋꿋하게 살아남아 새로운 고객을 유치하고, 기존의 고객들과 끈끈한 관계를 유지하며 매출을 올리는 곳들이 있다. 단언컨대 그들은 '마케팅'을 소홀히 하지 않는 사람들이다. 그리고 그 마케팅은 이 책에서 소개하는 단 몇 가지를 이해하고 적용하는 것만으로도 충분히 가능하다.

마케팅 때문에 고민인 모든 이들에게 이 책이 작은 나침반이
되길 진심으로 바라며.

2019년 8월
이승민

# 차 례

## Part 1 매출공식도 이해하지 못한 채
## 사업 시작하지 마라

**Part 2** **잠재고객은**
**당신을 기다리고 있다**

&lt;매출공식&gt;

$$매출 = 유입량 + 구매전환 + 객단가$$

# 매출공식도
# 이해하지 못한 채
# 사업 시작하지 마라

# 01

## 매출공식은
# 사업의 기본이다

"전체를 보는 거야. 큰 그림을 그릴 줄 알아야 작은 패배를 견뎌낼 수 있어."

　　－윤태호, 〈미생〉 중에서

"사장님 혹시 매출공식 알고 계세요?"

　마케팅 미팅을 할 때면 나는 클라이언트에게 어김없이 이 질문을 건넨다. 왜 이 질문을 가장 먼저 하는 걸까. 현재 사업을 잘

하고 있는 분들에게는 해당되지 않겠지만, 이제 막 사업을 시작한 사람 중에는 의외로 '매출'에 대해 이해하지 못하고 있는 경우가 많다. 매출을 조금이라도 높여 보려고 나를 찾아왔으면서도 실상 매출이 일어나는 원리에 대해선 잘 모르고 있다.

단순히 주위에서 "효과가 있더라."는 소문만 듣고 SNS마케팅이니 블로그마케팅이니 하는 마케팅 방법만 상의하러 오는 사람들이 상당수다.

그런데 이는 대학 입시생이 입시 제도에 대해선 하나도 모르면서 "영어 하나만 잘하면 좋은 대학 간다던데요?" 하는 것과 다를 바가 없다. 원하는 대학이 있으면 당연히 그 대학의 입시요강을 파악하고 그에 유리한 준비를 해야 한다. 자기소개서, 학교장추천서, 내신등급, 수능점수 등 필요한 요소들을 체크하고 요건에 부합하는 수준으로 하나씩 끌어올려야만 합격이 가능하다.

사업에 있어서 매출공식이란 대학의 입시요강과도 같다. 그 매출공식의 범주 안에서 각 요소들을 하나씩 채워 가는 것이 사업을 전개하는 가장 기본적인 그림이다. 일도 열심히 하고, 값도 싸게 하고, 손님도 많이 끌었는데, 결국 아무것도 남지 않는 실패를 얼마나 많이 보는가? 매출공식을 모르면 결국 그와 같은 길을 걷게 될 가능성이 높다.

몇 년 전까지만 해도 잘되던 곳인데 최근 들어 어려움을 겪고 있다는 한 병원과 미팅을 했다. 문제점을 살피기 위해 병원을 내방하여 가만히 지켜보니, 예상과 달리 내부고객 응대가 참 훌륭했다. 원장님의 실력, 간호사들의 밝은 표정, 최신 장비 등 크게 흠잡을 만한 게 보이지 않았다.

'대체 문제가 뭐지?' 하고 생각하다, 온라인 쪽의 홍보현황을 살펴보니 아니나 다를까 홈페이지부터 브랜드 관리까지 엉망이었다. 구색을 갖추기 위해 만들어둔 홈페이지에는 오프라인에서 드러나는 병원의 장점이 제대로 반영되어 있지 못했다. 병원에 대해 알아보려고 애써 홈페이지에 찾아든 사람들에게 수많은 병원들 중 이 병원을 선택해야만 하는 이유를 전혀 제시해 주지 못하는 느낌이었다.

심지어 일부 악성 후기나 댓글 때문에 한번 와보려고 했던 고객들마저 발길을 돌리고 있었다. 점점 온라인에서 철저하게 검색을 하고 필터링을 한 후에 직접 오프라인 매장이나 병원을 방문하는 추세이다 보니, 신규환자의 내방이 끊길 만했다.

이런 경우에는 무엇보다 신규고객을 잡을 수 있도록 온라인상에서 병원을 어필하는 일에 모든 에너지를 쏟아야 한다. 즉, 현재 온라인에서 장애가 되는 요소를 제거하고, 오프라인의 장점을 온라인에서도 그대로 느낄 수 있도록 만들어야 한다. 그리고 고객들이 이 병원을 더욱 쉽게, 잘 검색할 수 있게끔 각종 온라인마케팅 전략을 공들여 짜면 된다. 그러면 매출이 급증할 수 있다.

이 경우와는 반대로 손님은 잘 오는데 오는 족족 마지막 진료가 되는 병원도 있었다. 한 번만 진료를 받고 돌아가면 다시는 오지를 않는다. 가만히 보니 위치가 좋아 손님이 많이 오기는 하는데, 병원의 내부광고 세팅이 잘못되어 재방문율을 떨어뜨리고 있었다. 전화받는 톤, 데스크에서 환자를 맞이하는 직원들의 표정, 아무런 포인트가 없는 홈페이지 콘텐츠 등 어느 곳에서도 매력을 찾을 수 없는 병원이었다.

"지금 바쁘니 자세한 건 와서 상담받으세요, 손님. 대략 270만 원입니다."

이것저것 대충 설명하고는 전화를 끊는 모습을 보고 나니 그저 답답하기만 했다. 치료를 받으려고 앉아 있던 대기환자들은 그런 직원의 태도를 지켜보면서 '이 병원은 불친절하구나.' 하는 선입견을 갖게 된다. 그렇게 재방문은 저만치 물 건너간 일이 되고 만다.

만약 대기석에 앉아 있는 환자들이 데스크 쪽을 바라보도록 설계가 되어 있다면 전화를 받거나 환자를 응대해야 하는 간호사는 자신의 태도와 말투도 중요한 마케팅의 일부임을 잊지 말아야한다. 예를 들어 전화를 받는다면 진심 어린 표정과 말투로, "너무 많이 아프셔서 어쩌죠? 일단 부담 갖지 말고 나오셔서 아픈 부분부터 빨리 진료받으시고 수술 관련 비용은 원장님과 천천히 상담해 보세요. 지금 그대로 두면 더 상태가 안 좋아질 수 있으니 일단 나오시는 게 좋을 것 같습니다."라고 한다면 어떨까? 그 모습을 지켜보고 있던 대기자들은 안심하게 된다. 자기처럼 아픈 사람에게 친절한 모습을 보면서 무의식중에 나에게도 이상하게 대하진 않을 것이라는 편안함을 느끼게 된다.

또한 그렇게 친절한 상담을 통해 통화를 나눈 고객은 실제 방문을 하는 신규환자로 전환될 확률이 높아진다. 마케팅 용어로 이것을 '구매전환'이라고 한다. 올지 안 올지 모르는 고객, 살지 안 살지 모르는 고객이 실제 방문고객, 구매고객으로 전환되는 것을 의미한다. 전화로 상담을 했는데 방문을 하지 않거나, 그럴 듯한 홍보로 손님은 많이 오는데 고객들이 막상 상담만 받고 돌아가 버리는 경우는 구매전환이 이루어지지 않았다는 뜻이 된다. 위 병원의 경우에는 구매전환을 위해서 내부 세팅을 바꾸는 데 집중을 해야 한다. 구매전환율은 매출을 결정하는 매우 중요한 요소이기 때문이다.

한번은 오프라인으로 장사를 하고 있는 한 클라이언트가 질문을 해왔다.

"물건은 엄청나게 많이 팔리는데 왜 사업은 점점 힘들어지는 거죠?"

살펴보니 이곳은 물건 값을 대폭 내리는 전략으로 손님을 끌어 모으고 있었다. 그러나 싼 물건으로 손님만 많이 끈다고 매출이 오르는 걸까? 원가에 대비한 차익이 얼마인지 딱 그것만 계산한다면 남는 장사일지 모르나 부가세, 인건비, 임대료 등 부대적인 사업비용은 어디서 충당해야 할까? 매진인데도 합산 시 마이너스가 나온다면 이는 가격설정이 잘못되어도 단단히 잘못된 것이다. 대개 사업경험도 없고 아무것도 모르는 상태에서 처음 장사를 시작할 때 이런 상황과 맞닥뜨리는 경우가 많다.

"많이 팔기만 하면 무조건 성공할 줄 알았는데……."

후회하기엔 이미 늦었다. 그렇다고 갑자기 값을 올리면 기존의 손님은 다 떨어져나갈 가능성이 크다. 매출요소 중 '객단가'를 제대로 이해하지 못했기 때문에 생기는 불상사라 할 수 있다.

'그렇다면 대체 어떻게 해야 매출을 올릴 수 있을까?'

　이는 사업을 하는 모든 사람들의 가장 핵심적인 고민이다. 그래서 이제부터 강연을 할 때마다 목이 터져라 설명하는 매출공식에 대해 이야기를 해볼까 한다. 이 3가지 매출요소를 이해하지 못한다면 사업을 하지 않는 게 더 풍요롭게 살 수 있는 방법이다. 이걸 모르는 상태에서 사업을 하면 결국은 적자를 면할 수가 없을 테니까. 이렇게까지 강하게 이야기하는 이유, 그리고 책의 가장 첫 챕터로 이 주제를 잡은 이유는 무엇일까. 이 3가지 공식은 사업전선에서 생존하기 위해 알아야 할 가장 기본적이면서도 중요한 내용이기 때문이다. 매출부진으로 답답한 분들은 귀를 쫑긋 세우고, 필요하다면 빨간 줄 팍팍 그어가면서 꼭 이 공식을 자신의 것으로 만들기 바란다.

〈매출공식〉

매출 = 유입량 + 구매 전환 + 객단가

# 02

## 공식 1.
## 유입량을 올려라

이 책은 '온라인마케팅'에 관련된 내용을 위주로 담고 있다. 따라서 이 책의 핵심 포인트는 매출을 올리기 위해서 '온라인상으로' 무엇을 어떻게 해야 할 것인가에 대한 핵심적인 팁들이라고 보면 된다. 물론 오프라인마케팅과 관련된 내용도 일부 다루겠지만 대부분은 온라인마케팅에 초점을 맞춰 쓰였다. 또한 실제로 문제점들을 해결한 결과 매출이 오르고 성공적으로 기업을 운영할 수 있게 된 경험을 토대로 쓰였기에 잘 익히고 자기 사업에 활용한다면 매우 유익할 것이다.

'매출'을 만드는 요소에는 3가지가 있다. 이 3가지 요소를 하나하나 머릿속에 꼭꼭 집어넣으면서 동시에 우리 기업이 이 중 어떤 문제를 가지고 있는지 혹은 이 중 어떤 부분에 초점을 맞춰 문제점을 개선해야 할지 생각해 보자. 기본을 아는 것이 가장 중요한 전략이라 했으니, 이 3요소를 잘 이해하고 적용한다면 매출을 극대화하는 것도 시간문제일 뿐이다.

유입량이라는 말을 처음 들어보았다 하더라도 대충 짐작은 할 수 있을 것이다. '유입(流入).' 그렇다. 말 그대로 돈, 물건, 사람 등이 들어오는 것. 마케팅으로 보자면 바로 '손님이 오게 하는 것'이다. 오프라인으로 치면 손님이 직접 가게를 방문하게 만드는 일이고, 온라인으로 치면 나의 홈페이지나 쇼핑몰로 불러들이는 일이다. 내가 아무리 좋은 물건을 가지고 있고 좋은 기술을 가지고 있어도, 아무도 찾아오지 않으면 거래는 시작되지 않는다. 그래서 '유입량'은 매출을 올리기 위한 첫 번째 공식이다. 즉, 일단 많이 찾아오게 만들어야 많이 팔 수 있는 전제 조건이 만들어지는 셈이다. 그렇다면 온라인에서 유입량을 늘리는 방법에는 어떤 것이 있을까?

과거에는 좋은 제품을 알리거나 가게를 방문하도록 설득하기 위해 영업이라는 방법을 사용했지만 이제는 모든 궁금한 것을 먼저 온라인 검색 엔진에 들어가 키워드로 검색을 해서 찾는 시대가 되었다. 그리고 키워드 검색을 통해 여러 제품들을 간접적으로 경험하고 비교해 가며 구매를 결정한다. 그래서 많은 업체들이 온라인마케팅을 할 때 가장 신경 쓰는 부분이 바로 이것이기도 하다.

'상위노출.'

(이 부분은 뒤에 훨씬 상세하게 설명했으니 조금 어렵게 느껴지는 초보 분은 가볍게 이런 것도 있구나 하는 정도로 넘기길 바란다.)

많은 기업들이 높은 입찰가로 파워링크의 상위영역을 잡으려고 한다. 소비자들이 검색창에 필요한 키워드를 넣고 검색을 했을 때 조금이라도 더 상위에, 잘 보이도록 하기 위해서다. 또한 파워블로거를 섭외해 블로그 영역의 상위노출을 의뢰하기도 한다. 검색조회수가 높은 키워드를 잘 발굴하여 상위노출을 잡아두면 확실히 유입량이 늘기 때문에 매출에 좋은 영향을 준다. 기왕이면 다양한 키워드에 많이 노출될수록 더욱 좋다. 따라서 사람

〈그림 1〉 키워드매니저 어플을 이용하면 네이버에서 해당 키워드의 월간 조회수를 간편하게 확인할 수 있다.

들이 많이 검색하는 키워드와 나의 잠재고객들이 검색할 만한 키워드들을 많이 확보해 두는 게 중요하다.

그런데 요즘 나는 메인키워드를 노출하는 것보다 서브키워드들이 노출되어 나타나는 효과에 놀라는 중이다. 대부분의 사업주들은 자기가 팔고자 하는 제품과 관련해서 가장 핫하거나 조회수가 높을 것 같은 키워드에만 온 신경을 집중한다. 예를 들어 여행용 가방이라면 '여행가방', '여행용가방' 같은 메인키워드만 생각하게 된다. 그러나 더 효율적으로 광고를 집행하고 싶다면 이제 '서브키워드'로 눈을 한번 돌려보자. 서브키워드는 메인키워드보다 검색조회수도 낮고 유입량이 적은 대신 구매전환율이 높다. 예를 들어 남자여행가방, 가벼운 여행가방 등과 같은 서브키워드는 조회수가 낮아도 구매목적에 훨씬 부합하는 키워드이기 때문에 추가로 더 검색을 하지 않고 곧바로 구매로 이어질 가능성이 높다. 이러한 서브키워드를 많이 잡아두면 생각보다 뛰어난 효과를 발휘한다.

〈그림 2〉 네이버 검색광고를 통해 월간 조회수를 파악하는 화면

    쉽게 한 가지 예를 들어보자. 아침 9시부터 밤 10시까지 거의 한 자리에 앉아서 컴퓨터 모니터만 들여다봐야 하는 김 대리는 몇 달 전부터 몸에 이상을 느꼈다. 허리에 통증이 오기 시작한 것이다. 그냥 허리가 아니라 왼쪽 옆구리 쪽에 유난히 통증이 있다는 걸 느끼고는 증상에 대해 인터넷으로 검색을 시작했다.

    처음에는 '허리 통증' '허리 아플 때' '옆구리 통증' 같은 키워드를 검색했다. 그러면서 '허리디스크'가 자신의 증상과 관련이 있다는 걸 알게 되었다(여기서부터가 마케팅에서는 매우 중요한 단계가 된다). 김 대리는 정말 자기에게 허리디스크가 발생한 것이 맞는지 여러 가지 허리디스크 증상에 관한 다양한 검색을 해본다.

그 과정에서 디스크와 비슷한 척추관 협착증이라는 병명도 발견하게 된다. 이런 환자들이 많다는 것을 알게 되고, 증상도 자기와 상당히 비슷해서 적어도 뭔가 이 범주 안에 있는 어떤 질환이 생겼으리라는 결론을 내린다. 해당 수술과 관련된 검색도 해보고, 비수술적 치료도 검색을 해본다. 시간이 지체되면 다리 끝까지 저릴 수도 있는 질환이라고 하니 빨리 병원을 찾아가 봐야겠다고 결심한다. 집 주변의 병원과 좀 멀어도 유명한 병원 몇 군데를 추리고 나서 각 병원의 홈페이지도 방문해 본다. 병원의 브랜드 파워, 원장님의 인지도, 비용 등을 각종 블로그나 카페 글들을 통해 자세히 검색한 뒤 최종 내방할 병원을 선택하게 된다.

허리 통증 → 옆구리 통증 → 허리디스크 → 허리디스크 증상 → 척추관 협착증 → 허리디스크와 척추관 협착증 차이→ 허리디스크 치료법 → 추나요법 → 추나 치료비용 → 허리디스크 비수술적 치료방법 → 허리디스크수술 부작용 → 허리디스크에 좋은 음식 → 허리디스크에 좋은 운동 → 척추 전문병원 → ○○병원 등등

김 대리 같은 잠재고객을 온라인에서 만나고자 했다면 위에서 김 대리가 검색했던 15개 이상의 키워드 중 최소 1~2개에서는 보여줘야 했을 것이다. 그런데 검색패턴을 잘 보면, 처음의 몇 단어들은 조회수가 높은 소위 메인키워드라는 것을 파악할 수 있다. 입찰 경쟁도 치열하고, 그만큼 클릭당 비용도 높다. 물론 높은 비용을 치르고서라도 잡아두기만 하면, 조회수가 높은 키워드인 만큼 유입량도 확실히 늘어난다. 그렇다면 조금만 더 자세히 김 대리의 검색 키워드들을 살펴보자.

김 대리는 뒤로 갈수록 점점 상세해진 서브키워드로 검색을 한다. 정보를 습득함에 따라 좀 더 구체적인 단어들로 검색을 하는 것이다. 그렇게 수많은 서브키워드들을 거쳐 마지막에 병원을 선택한다. 즉, 병원 선택 단계에 가까워질수록 메인키워드들보다는 서브키워드가 더 큰 영향을 주고 있다는 걸 알 수 있다.

이런 서브키워드는 하나의 업종에만 보통 몇 만 개씩 존재한다. 홈페이지를 괜찮게 만들어두고, 파워링크로 수많은 서브키워드를 세팅하는 것은 경험상 매우 효율적인 마케팅 전략이다.

최근에 일부 컨설팅했던 업체들에게 의미 있는 서브키워드를 수만 개씩 찾아내어 적용한 경우, 수치상 훨씬 저비용으로 많은 노출값을 뽑을 수 있었다.

특히 구매결정을 하는 데 검색 자체가 상당한 영향을 주는 고관여군 아이템에는 서브키워드의 중요성이 더욱 올라간다. 여기서 '검색 고관여군 상품'이란 구매결정을 하기까지 검색 과정이 매우 큰 관여를 하는 상품들을 말한다. 병원, 신혼여행, 고가의 전자제품 등 주로 가격이 높거나 리스크가 동반된 제품 또는 서비스가 이에 해당한다. 이런 분야의 사업을 하고 있다면 특히 서브키워드를 잘 관리해야 매출을 효과적으로 끌어올릴 수 있다. 유입량을 올리기 위해 검색조회수가 높은 메인키워드 몇 개를 노리는 것이 아니라, 검색조회수가 낮지만 구매전환율이 일어날 수 있는 수많은 서브키워드를 장악해야 한다.

금액적인 면에서도 이 방식은 매우 유용하다. 병원 메인키워드의 경우 클릭당 2만 원이 넘는 경우도 많은데, 서브키워드는 그것의 1/280도 안 되는 70원이다. 그렇다면 메인키워드 10개를 잡을 비용으로 최소 2,850개 이상의 서브키워드를 잡아둘 수 있다는 말이다. 각각의 서브키워드를 검색하는 사람이 많지는 않더라도 그것들을 수백/수천개 모으면 합계검색량도 적지 않거니와 그것들은 메인키워드를 통해 유입되는 사람보다 구매전환율이 훨씬 높다는 걸 기억하자. '허리통증'을 치고 곧바로 병원을 찾는 경우보다 좀 더 세부적인 키워드들로 검색을 거친 후의 마지막 과정에서 최종 결정이 이뤄지는 것처럼 말이다.

검색 고관여군 업종에 해당되는 경우, 우리 회사에서는 파워
링크뿐 아니라 모든 네이버마케팅을 이렇게 서브키워드부터 장
악해 나간다. 월 단위로 그달 그달 성과에 따라 연장을 하는 시스
템이니 연장률이 그 성과를 증명해 주는 셈이다.

병원의 경우 연장률이 90%에 육박하니 이 방법이 얼마나 효
율적인지 잘 알 수 있다. 더욱이 네이버의 알고리즘이 변경될 경
우 중요한 메인키워드만 몇 개 잡아둔 병원들은 마케팅이 일순간
무너지는 데 반해 이 방식은 그런 걱정을 할 필요가 없다. 엄청나
게 많이 잡아둔 서브키워드들이 매출의 버팀목 역할을 해주기 때
문이다.

유입량을 늘리되 메인키워드가 아닌 서브키워드 중심으로 서
서히 수치를 늘려가는 것은 하나의 중요한 마케팅 전략 포인트이
다. 단기간의 효과만을 바라보고 당장 유입량이 가장 높은 메인
키워드만 잡아두었다가는 어느 순간 검색엔진의 알고리즘이 바
뀌거나 하면 매출이 곤두박질치게 된다. 사실 대행사를 운영하는
입장에서 몇 개의 키워드만 계약을 맺고 노출관리를 해주는 게
훨씬 일이 편할 수 있다. 순익도 더 쉽게 낼 수 있을지 모른다. 그
러나 정말 클라이언트를 위한다면 그들에게 이렇게 리스크까지

고려한 전략을 제시하는 것이 맞지 않을까.

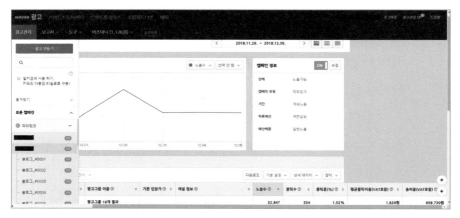

〈그림 3〉 A가게 메인키워드 중심으로 설정해둔 파워링크 광고

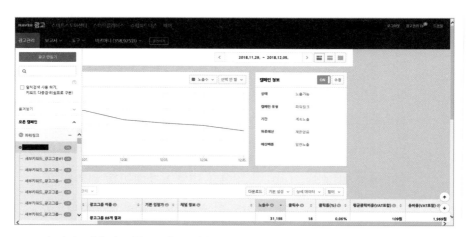

〈그림 4〉 A가게 서브키워드 중심으로 설정해둔 파워링크 광고

두 광고는 최근 컨설팅을 진행한 A가게에 대해 동일한 기간에 집행된 각각의 파워링크 계정이다. 그림 3은 메인키워드를 중심으로 소량의 수량을 잡아둔 광고계정이고, 그림 4는 서브키워드를 중심으로 다량의 수량을 잡아둔 광고계정이다. 쉽게 말하면 조회수가 많은 몇 개의 메인키워드와 조회수가 적은 다수의 서브키워드 간의 대결이다. 각 그림의 우측 하단부를 살펴보면 금액 차이가 얼마나 나는지 알 수 있다. 그림 3은 32,000회 노출에 60만 원이 나갔는데, 그림 4는 31,000회 노출에 1,969원이 나갔다. 거의 동일한 노출값에 비용은 무려 300배나 차이가 난다.

특히 파워링크는 다른 콘텐츠 섹션과는 달리 네이버에서 보장하기에 알고리즘의 변화를 걱정할 필요가 없고, 초반에만 제대로 세팅해 두면 크게 손댈 일이 없어서 특히나 유입량을 안정적으로 늘리기 원할 때 강력히 추천할 만하다.

〈A가게의 파워링크 전략별 성과비교〉

| 구분 | 노출수 | 평균클릭비용 | 클릭률 | 총비용 |
|---|---|---|---|---|
| 메인키워드 소량 | 32,847회 | 1,826원 | 1.06% | 609,730원 |
| 서브키워드 다량 | 31,198회 | 109원 | 0.06% | 1,969원 |

파워링크에 관한 책은 아니지만, 그래도 궁금해할 독자들을 위해 조금만 더 부연 설명을 해보려고 한다. 사실 이러나저러나 노출 3만 회에 2,000원이면 정말 생각할 것도 없이 무조건 해볼 만한 비용이다(참고로 클릭률의 차이는 서브키워드의 수량이 엄청나게 많기 때문에 발생하는 차이이다. 예를 들어 100개 중에 1개의 클릭과 50,000개 중에 1개의 클릭은 동일한 1번의 클릭이지만, 비율로 계산하면 50,000개 중 1번의 클릭이 훨씬 낮게 나오는 것이다). 그러나 실질적으로 더 높은 마케팅 효율을 내기 위해서는 클릭률도 최대한 고려해야 한다. 파워링크의 소재와 확장 소재까지도 신경 써야 하는 것이다.

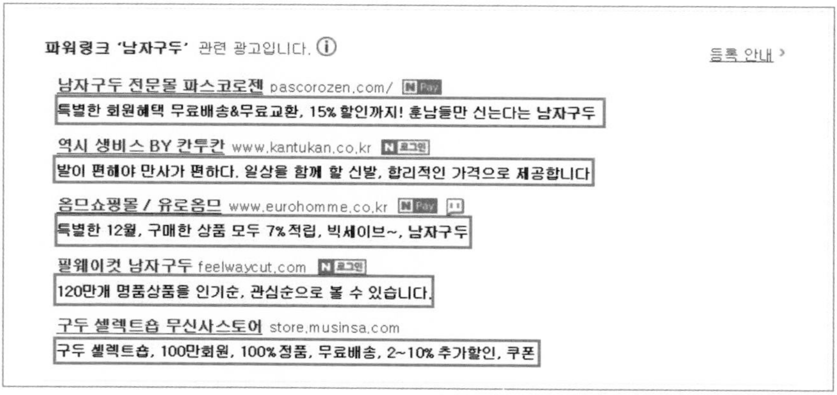

〈그림 5〉 파워링크 광고에는 밑에 설명문구, 즉 소재를 설정할 수 있다.

단순히 얼마나 더 높이 상위에 랭크되었느냐 외에도 이 소재가 얼마나 잘 쓰였는지에 따라서도 클릭률은 크게 달라질 수 있다. 네이버는 그때그때 효율 좋은 소재를 중심으로 알아서 돌아가도록 관리해 주는 기능이 있기 때문에 5가지 정도를 설정해 두고 활용해 보는 것도 좋다.

**로맨틱 크리스마스선물, 킨트**
〔모바일〕 m.kint.kr Ⓝ Pay
시크릿 주얼리. 고급레드박스, 하나뿐인 크리스마스 초콜릿 증정 이벤트 중.
성탄절 선물 │ 초콜릿 증정 │ 유리병 증정 │ 성탄절 포장

**14K/18K목걸이 골드리아**
│ 앱 결제 시 2% 추가할인
〔모바일〕 www.goldria.net/m Ⓝ Pay
전품목15~17%, 최대29%할인! 오늘 주문하고 내일 받자! 예쁜목걸이

**새미주얼리 예쁜목걸이**
〔모바일〕 www.semijewelry.co.kr/m Ⓝ Pay
자체 부설 디자인연구소 운영, Only One 디자인, 원자재 직수입 가격다운!
Best │ 신상 10% │ 스페셜기획전 │ 해피이벤트

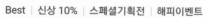
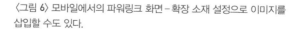

〈그림 6〉 모바일에서의 파워링크 화면 – 확장 소재 설정으로 이미지를 삽입할 수도 있다.

그림 6에서 보듯이 최근에는 네이버에서 확장 소재로 이미지를 보여주는 기능도 지원하고 있다. 네이버광고의 핵심이라고 할 수 있는 파워링크는 아마 앞으로도 더욱 좋은 기능을 계속 추가 지원해줄 것이다. 네이버광고 시스템에 자주 접속하여 공지도 자주 읽고, 여러 키워드들을 쳐가며 최근의 트렌드를 빠르게 반영하는 것이 효율을 높이기 위한 필수 지름길이다.

### "그 많은 서브키워드는 대체 어떻게 뽑죠?"

사실 개인이 혼자서 아무런 정보도 없이 다량의 서브키워드를 뽑는다는 것이 쉬운 일은 아니다. 나름대로 일정 규칙을 짜고 프로그램 등을 통해 다량의 조합을 하는 것이 가장 좋겠으나, 직접 500~1,000개 정도 한번 뽑아보라고 조언해 주고 싶다. 많은 업체들이 100개가 채 되지 않는 키워드로 광고를 진행하는데, 그만큼 놓치는 주요 서브키워드들이 상당하단 소리다. 혹여 의뢰를 하더라도 말도 안 되는 단어조합을 만들어 내는 곳은 피하고, 검색량은 적더라도 정말 한번쯤 검색은 해볼 만한 단어들로 조합을 해주는 곳에 맡겨야 한다. (예를 들어 '사랑니 잘 뽑는 치과' 정도의 조합은 충분히 검색해 볼 만한 키워드이지만 '잘 뽑는 사랑니 추천치과' 같은 말이 안 되는 조합은 실제로는 거의 검색이 되지 않을 키워드이다.) 키워드를 잘 뽑는다는 건 그만큼 사용자의 검색패턴을 잘 읽어낼 수 있다는 의미다. 또 이 말은 곧 마케팅을 잘할 확률도 높아진다는 뜻이니 귀찮고 어렵더라도 직접 효과적인 서브키워드들을 최대한 찾아보라고 권하고 싶다.

"특별히 좋은 키워드가 따로 있을까요?"

보통 매출을 높여주는 효자키워드는 따로 존재한다. 그러나 애석하게도 그건 미리 알기는 어렵고, 실제 광고를 해보면서 경험적으로 알게 되는 것이 보통이다.

다만 좋은 키워드를 좀 더 잘 찾기 위한 팁은 있다. 이는 내가 늘 강조하는 마케팅 법칙과도 일치한다. 바로 잠재고객의 입장으로 몰입된 상태에서 뽑는 것이 '진짜'이며 '좋은' 키워드라는 것! 자, 무슨 말인지 쉬운 예로 한번 살펴보자.

'임플란트'와 관련된 키워드를 뽑으려면 일단 임플란트 시술을 앞둔 환자가 되어 보는 방법이다. 어떤 게 가장 고민될까? 비용은 얼마나 들까? 보험은 적용이 되나? 임플란트도 여러 종류가 있을 텐데 어떤 게 있지? 등등일 것이다. 자, 조금 더 환자의 입장으로 몰입해 보자. 돈도 돈이지만, 아픈 게 무서운 사람도 있다. 아니면 어린 자녀가 수술을 해야 하기 때문에 어린이도 가능한 임플란트를 찾을 수도 있다. 또한 이제 곧 결혼을 앞두고 있기에 회복 기간이 궁금한 사람도 있을 것이다. 그렇게 상상을 하다 보면 다음과 같은 좋은 서브키워드들을 찾을 수 있다.

"너무 어려워요. 나는 마케팅에 영 소질이 없는 것 같아요." 하고 말하지만, 엄밀히 말해 키워드를 못 찾는 건 마케팅의 감이 없어서가 아니라 잠재고객에 대한 이해가 부족해서다. 따라서 키워드를 잘 찾고 싶다면 하루 한 번, 잠깐이라도 시간을 내어 다양한 잠재고객이 되어보자. 그리고 상상을 해보는 것이다.

'나라면 어떤 키워드로 검색을 해볼까?'

이렇게 하다 보면 점점 좋은 키워드들을 많이 발굴하게 된다.

유입량을 늘리기 위한 방법 중 SNS도 활용도가 좋다. 요즘에는 그 열기가 많이 사그라들었지만 페이스북 광고의 효과가 하늘을 찌르던 때가 있었다. 페이스북은 조금만 투자를 해도 매우 큰 효과를 보는 SNS로 유명했다. 한창 페이스북 광고를 하던 초창

〈그림 7〉 임플란트와 관련된 서브키워드들

기 때 링크만 걸었다 하면 해당 링크는 서버가 다운될 정도였으니 소위 고객을 '낚으려면' 이보다 좋은 곳은 없겠다 싶었다.

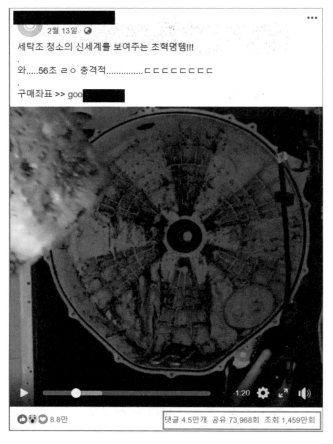

〈그림 8〉 SNS 광고를 효율적으로 하면 폭발적인 유입량을 이끌어 낼 수 있다.

페이스북이 예전 같지는 않다고 하나 여전히 많은 업체가 페이스북으로 엄청난 성공을 거두고 있다. 이들은 제품의 특성을 가장 잘 나타낼 수 있는 짧고 강렬한 콘텐츠를 만들고, 페이스북 타깃팅 광고시스템에 거대 자본을 투입시켜 홍보를 한다.

콘텐츠가 잘 만들어지면 잘 만들어질수록 효과가 배가 되는데, 최근에는 유튜브의 폭발적인 성장과 함께 영상으로 만들어진 콘텐츠들이 힘을 더 발휘하는 추세다. 단기간에 폭발적인 유입량을 만들고 싶은 분이라면, 킬링 콘텐츠를 제작해서 SNS마케팅을 진행해 보기를 추천한다.

시중에 나와 있는 페북, 인스타그램과 같은 SNS마케팅 관련 서적들을 대충이라도 훑어보면 누구라도 쉽게 따라 할 수 있기 때문에 충분히 도전해 볼 만하다. 단, 콘텐츠가 잘 만들어져야 효과를 볼 수 있으므로 콘텐츠 제작에 심혈을 기울여야 한다는 사실, 다시 한 번 기억하자.

# 03

## 공식 2.
## 구매전환율을 높여라

　글쓰기에 관심이 생긴 한 지인이 이 책 저 책을 찾아 독학을 해보다가 안 되겠다 싶었는지 사이트를 통해 검색을 해보았다고 한다. '글쓰기'와 관련된 키워드로 검색을 해보니 관련 정보들이 꽤 많이 나왔다. 최종적으로 그중 두 군데 정도가 눈에 띄었다. 둘 다 블로그에 올라온 글이었는데 실상 말하고자 하는 목적은 같았으나 내용은 확연히 차이가 났다.

A  우리는 글쓰기 전문가 양성소입니다. 벌써 200명의 학생들이 여기를 다녀갔네요. 글쓰기의 명문 잘써대학 졸업, 20년 경력의 베테랑 작가 코치를 다수 보유하고 있어요. 3개월 과정이면 마스터할 수 있습니다. 3개월 한꺼번에 결제하면 할인도 해드려요. 망설이지 말고 오세요. 3개월이면 당신의 꿈이 이루어집니다. 글쓰기, 무엇보다 전문가의 코칭이 중요합니다. 여러분도 잘 쓸 수 있습니다!

B  글쓰기 정말 잘해 보고 싶죠? 여기저기서 잠깐잠깐 많이 배우기도 하셨을 겁니다. 저희에게 찾아오시는 분들은 대부분 책을 통해, 인터넷 강의를 통해 한 번씩은 글쓰기 교육을 경험하셨던 분들이세요. 그런데 아무리 배워도 글쓰기가 잘 안 되죠. 글쓰기는 사실 이론보다 실제 써보는 게 중요하거든요. 직접 쓰면서 강의를 통해 배운 내용도 적용해 보고, 글에 대한 피드백도 받다보면 누구나 늘게 되어 있습니다. 아무리 훌륭한 작가의 강의를 들으면 뭐하나요, 직접 써보질 않으니 결국 아무 소용이 없는 걸요. 좋은 강의를 듣겠다는 분 말고, 정말로 글을 잘 써보고 싶은 분은 연락주세요.

자, 당신이라면 어떤 곳에 조금 더 관심이 가는가? 굳이 답은 적지 않겠다.

일단 유입을 했다면 유입된 사람들을 구매로 전환시키는 과정이 매우 중요하다. 그래서 유입 다음의 단계는 바로 구매전환이며, 여기서 필요한 것은 '좋은 콘텐츠'다. 특히나 온라인에서는 콘텐츠의 퀄리티가 더욱 구매전환율을 좌우한다. 그렇다면 좋은 콘텐츠란 무엇일까? 정말 쉽게 풀어서 설명한다면 나는 이렇게 표현하고 싶다.

> 소비자가 궁금해할 것을 내가 먼저 짚어주고, 거기에 친절하게 답하는 콘텐츠

"너무 쉽지 않아요?"라고 물을지 모른다. 그러면 나는 되물어본다.

"이렇게 쉬운데 왜 여태 못하고 계신가요?"라고.

보통 '좋은 콘텐츠'라고 하면 잘 찍은 사진, 그럴듯한 이미지와 그에 어울리는 내용을 잘 정돈해서 올려둔 걸 생각한다. '고객이 원하는 것'이 답이라는 걸 이미 알고 있고 그게 가장 쉬운 방법

이라 생각은 하면서도 막상 만들어 내는 콘텐츠는 어찌나 천편일률적인지. 다 같이 약속이나 한 듯 자화자찬 일색이다. 소비자는 '그럴듯한' 걸 구경하러 오는 게 아니라 자신이 궁금하고 답답해하는 것에 대한 답을 찾으러 온 것 아닌가. 이에 대해 얼마나 잘 해결책을 제시해줄 수 있는지를 어필하는 것이 광고 콘텐츠에 담길 핵심 내용이다.

위에 예를 든 A와 B의 글쓰기 광고 글의 차이만 봐도 필자가 무엇을 말하고자 하는지 충분히 느낄 수 있다. A는 자기네가 얼마나 훌륭하게 가르칠 수 있는지, 얼마나 가격이 좋은지, 얼마나 좋은 시스템을 갖추고 있는지에 대해서만 어필하고 있지만, B는 글쓰기를 배우고자 하는 이의 실패와 고민을 공감해 주며 답을 제시해 주고 있다.

조금 더 쉬운 이해를 위해 한 가지 예를 들어보자. 가족모임 장소를 찾고 있는 사람이 있다고 하자. 그러면 그들이 궁금해할 만한 내용들을 먼저 묻고 그것에 답하면 된다.

"괜찮은 가족모임 장소를 찾고 계신가요? 일 년에 한 번 할까 말까 한 가족모임인데 사진도 많이 찍어야 하는 만큼 기왕이면 이쁘고 고급진 곳으로 선택하고 싶을 겁니다. 음식도 한두 명이 아니니 기왕이면 합리적인 가격을 원하실 테고요. 뛰어 노는 아이들이 많아 놀이방도 있으면 좋겠지요. 저 역시 그런 모임 장소를 찾다 찾다 이렇게 가게를 오픈하게 되었어요. 거창하진 않더라도 몇 년에 한 번씩 있는 소중한 가족모임이기에 저희는 촬영을 위한 포토월을 제공합니다. 음식도 전국 최고라고는 못하지만 남도에서 부모님이 직접 재배한 재료들을 직접 조달해 오고 있구요, 놀이방도 크진 않지만 아이들 놀기엔 부족함 없이 이러이러하게 운영을 하고 있답니다…….”

어떤 업종이든 그 콘텐츠의 앞부분에는 잠재고객이 궁금해하고 고민이 되는 내용을 미리 파악해 툭툭 던져주는 게 중요하다. 그 콘텐츠를 접하는 사람들은 무의식중에 그런 내용을 보며 상당한 동질감을 얻게 되고 1차적인 호감과 신뢰를 형성하게 되기 때문이다. '거래보다 관계가 먼저'라는 말이 있듯이 상업적인 내용을 전개하기 전에 호감을 먼저 사는 것은 구매전환에 있어 엄청난 플러스 요인이 된다. 또한 그런 과정은 이미 나의 질문까지도 다 아는 사람이라는 느낌을 주게 되어 당신을 더욱 전문가로 느끼게 해주는 요인이 되기도 한다.

'좋은 콘텐츠'라는 것에 대해 조금 더 구체적으로 설명을 해보려 한다. 강의를 하다 보면 이 부분에 대해 많은 사람들이 어려워하는데, 이는 모두 '좋은 콘텐츠'에 대한 오해에서부터 시작된다.

보통 '좋은 콘텐츠'라고 하면 좋은 영상, 좋은 디자인, 좋은 문장, 좋은 카피들로 이뤄진 콘텐츠라고 생각한다. 정말 그런 게 좋은 콘텐츠라면 마케팅을 현업으로 하고 있는 종사자들조차 그런 콘텐츠를 매번 척척 만들어 내기는 어려울 것이다. 이제, 이렇게 생각해 보자.

'좋은 콘텐츠란 구매전환을 높여주는 콘텐츠다.'

말 그대로 '구매를 부르는 글'일 뿐이다. 글을 잘 쓴 명문 콘텐츠가 아니라 잠재고객의 마음을 두드리고 그들의 지갑을 열게 하는 글이면 된다. 말이 거창하지만, 사실은 그들이 궁금해하고 괴로워하는 부분을 먼저 정리해 주고, 그에 대해 답을 써두는 걸로도 충분하다. 막상 써보라고 하면 이조차 어려워하는 분들도 많은데, 그분들을 위해 팁을 드리자면 전화 상담을 할 때 가장 많이 묻는 것부터 정리해 보는 게 좋다. 개인적인 컨설팅 자리에서 "고객들이 전화로 제일 많이 묻는 게 뭐고, 그땐 뭐라고 답하십니까?" 하고 물어보면 그때부터 시원하게 대화가 전개되는 경우가 많다. 그러니 좋은 콘텐츠 만들기가 많이 어렵게 느껴진다면 우선 여기서부터 시작해 보자.

고객들이 전화로 가장 많이 묻는 게 무엇인가?

홈페이지도 구매전환에 있어서 상당히 중요한 역할을 한다. 우선 내용을 떠나서 그 구조 자체가 심각한 로스를 발생시키는 경우가 있는데, 예를 들면 그림 1과 같은 홈페이지의 경우다.

〈그림 1〉 파워링크 광고 중인 한 노무법인 사무소의 홈페이지

이 홈페이지는 노무법인 관련 미팅이 있어서 검색을 하다 발견한 곳이었다. 이 법인은 파워링크 섹션 중에서도 상단에 배치되어 있었다. 그런데 충격적이었던 것은, 한 번 클릭할 때마다 몇백 원에서 몇 천 원까지도 비용이 지출될 텐데 그렇게 비싸게 유입시킨 사람이 만약에 구글크롬브라우저를 쓴다면 내용을 보고 싶어도 볼 수가 없는 것이었다. 이처럼 플래시 기반으로 된 옛날 홈페이지는 투자를 해서라도 빨리 리뉴얼을 해줘야 한다.

이상하게도 사업을 하시는 분들이 오프라인 매장에는 수천 수억을 투자하면서도, 온라인 홈페이지에는 몇 백도 아까워하는 경우가 많다. 온라인마케팅을 결심했다면 홈페이지를 최소한 어느 정도의 수준은 갖춰놓고 시작해야 한다. 템플릿으로 내용만 조금 수정하는 초저가 홈페이지의 영업 공세가 난무하지만, 아무리 그래도 홈페이지는 온라인상의 내 얼굴이라 생각하고 가격만 싸게 해서 대충 만들려는 분들이 없었으면 좋겠다.

그렇게 호환성 떨어지는 언어로, 특색 없는 디자인으로, 강점을 전혀 담지 못한 내용으로 세팅된 홈페이지는 공격적인 마케팅으로 손님을 데려와 봤자 구매로 전환시킬 수가 없다.

그림 1의 업체는 미흡하게 세팅된 홈페이지 때문에 오히려 다른 데 쏟은 마케팅 비용을 까먹고 있는 경우다. 그런데 더 큰 문

제는 저 홈페이지의 주인은 아마도 그것을 모르고 있을 가능성이 높다는 사실이다. 본인의 컴퓨터에서는 잘 보이기 때문에 다른 사람들에게도 다 잘 보일 것이라 짐작할 테니 말이다. (구 버전의 explorer 같은 브라우저에서는 잘 보이다 보니 본인이 그런 브라우저를 쓰고 있다면 남들도 자기처럼 잘 보일 것이라 생각할 수 있다.) 정말 마음 같아서는 직접 전화를 걸어 얘기해 주고 싶지만, 슬프게도 우리 업종은 먼저 전화를 하면 영업으로 오해를 받는다.

아무튼 홈페이지는 구매전환에서의 절대적인 요소임을 잊지 말자. 여러분은 어떤가? 길거리를 지나가다가 두 개의 네일숍이 있다면 어디로 가겠는가? 내부가 환히 들여다보이고 많은 여성들이 이미 네일아트를 받고 있는 곳을 선택하겠는가, 아니면 내부가 하나도 보이지 않는데다 간판 글씨도 10년 전에 만든 것 같은 오래되어 보이는 가게로 들어가겠는가. 온라인에서의 선택도 마찬가지다.

마지막으로 한 가지를 덧붙이자면, 간혹 네이버 박스광고를 하는 곳들을 보면서 황당함을 느낄 때가 있다. 그림 2는 네이버 메인화면 우측 하단에 뜨는 박스광고 영역인데, 간혹 제품이 확 끌리는 경우가 있어서 들어가 볼 때가 있다.

〈그림 2〉 네이버 메인화면의 쇼핑 박스광고 섹션

　한번은 눈에 좋은 스탠드가 있다 해서 들어가 보았다. 그런데 클릭을 해보니, 그 제품 안내가 아니라 해당 쇼핑몰 메인화면이 떡 하니 뜨는 게 아닌가. 카테고리라도 적은 쇼핑몰이면 어떻게든 그 스탠드를 찾아낼 수가 있었을 텐데, 등록 제품만 해도 수천 개가 넘는 쇼핑몰이어서 도저히 그 제품을 찾을 수가 없었다. 즉, 사고 싶은데 해당 제품을 못 찾아서 살 수가 없는 셈이다. 나는 결국 그 스탠드 구매를 포기해야만 했다.

의외로 유료광고를 집행하시는 분들이 이런 실수를 많이 한다. 특정제품을 내세워 손님을 비싸게 유입시켜놓고는 정작 해당 제품의 링크는 걸지 않고 쇼핑몰 메인화면을 링크로 잘못 걸어두는 경우다. 이렇게 되면 설사 쇼핑몰에서 취급하는 제품이 몇 개 없다 하더라도 메인화면에서 내가 원하는 제품까지 계속 클릭을 해가며 불편한 탐색과정을 거쳐야 한다.

그 과정이 길면 길수록 구매전환율은 급격히 떨어진다는 것을 잊지 말자. 오프라인에서도 백화점이나 마트를 설계할 때 동선을 고려하듯이 온라인도 소비자의 구매동선을 최적화하는 작업을 해주어야 한다. 아무리 좋은 제품이 많아도 구매 과정이 불편하면 결국 소비자들은 더 편한 곳을 찾아 이탈하게 된다.

**tip**

- 홈페이지의 웹 호환성을 브라우저 별로 꼼꼼히 체크하라.
- 컨텐츠가 고객들에게 공감되게 만들어질수록 구매전환율은 높아진다.
- 고객이 링크를 통해 구매로 이어지기까지의 단계를 최소화하라!

# 공식 3. 합리적인
# 객단가를 설정하라

홈쇼핑 베테랑 MD가 쓴 〈섹시한 상품의 법칙〉에 보면 '가격 측정' 방식은 결국 '기획자의 합리적인 선택'이라는 얘기가 나온다.

가격은 단순히 제품의 원가만으로 결정하는 것이 아니라 고객의 심리적 저항선과 제품의 가치까지 합리적으로 산정한 수치여야 한다. 그리고 가격 측정의 핵심 축은 고객이 아니라 오히려 기획자여야 한다는 것이 핵심이기도 하다. 상품 혹은 서비스를 제공할 때 그것이 고객에게 충분히 합리적으로 받아들여지게 만드는 것이 기획자의 몫이기 때문일 것이다. 여기에는 터무니없이 비싸도 안 되지만, 무조건 쌀 필요도 없다는 의미가 포함된다.

청담동에 유명한 카페가 있다. 그곳에는 커피뿐 아니라 간단한 퓨전요리를 판매하는데, 2~3명 남짓 먹을 수 있는 해물떡볶이 단품의 가격이 28,000원이다. 그냥 '떡볶이 한 그릇에 거의 3만 원 돈이네?' 하면 비싼 듯하지만, 막상 그 카페에는 해물떡볶이를 먹으러 오는 손님들로 늘 붐빈다. 사람들이 그 금액을 받아들인다는 뜻이다.

그런데 이 경우는 어떤가? 연인과 함께 시골로 여행을 갔는데 너무 외진 곳이라 마땅한 식당이 없어 보인다. 주변을 돌다 보니 보이는 작은 분식집. 딱 봐도 오래되어 보이는 인테리어에 할머니 한 분이 나와 벽에 붙어 있는 메뉴판을 가리킨다. 떡볶이 한 그릇 28,000원. 배는 무지 고프지만 연인의 입에서 단박에 나오는 첫 마디.

"뭐야? 미쳤어?"

똑같은 떡볶이지만 청담동의 비까번쩍한 건물 1층에 위치한 최신식 인테리어의 카페에서 먹는 해물떡볶이는 이미 그 아우라에서부터 고객들에게 심리적 가격 저항을 떨어뜨린다. 1시간 동안 우아하게 28,000원짜리 떡볶이를 먹으며 거기다 10,000원짜리 커피도 서슴없이 시켜 먹는다.

그러나 시골 분식집은 다르다. 할머니가 플라스틱 그릇에 단무지 몇 개를 담아 나온다. 나무젓가락에 비닐 씌운 접시. 이 정도면 3,000원쯤이 적당한 거 아닌가? 고객의 심리적 가격 저항선이 쭉쭉 올라간다.

객단가를 올린다는 것은 단순히 가격을 비싸게 끌어올려서 마진을 많이 남긴다는 뜻이 아니다. 객단가를 올리기 위해서는 가격에 대한 고객들의 심리적 저항선을 떨어뜨릴 수 있는 합리적 전략이 수반되어야 한다.

온라인상으로 세울 수 있는 전략은 무엇일까?

바로 '시각적 요소'를 활용한 전략이다. 홈페이지의 디자인적인 퀄리티가 대표적인 예라 할 수 있다. 링크를 타고 들어온 손님은 웹에서 보여지는 웹디자인적인 퀄리티가 청담동 카페인가, 시골 분식점인가로 구별을 지을 것이고, 이에 따라 2차적으로 심리적 가격 저항선이 형성될 것이다. 게다가 내부게시판의 글은 1년 전쯤부터 멈춰 있고, 스타일도 요즘의 웹에서는 찾아보기 힘든 옛날 고루한 스타일의 홈페이지라면 저도 모르게 두어 번 클릭해보다가 바로 나가 버리게 된다.

온라인상에 대체할 상품이 수두룩한데 홈페이지조차 관리 안 되는 곳에서 굳이 모험을 할 이유는 없다. 음식점으로 비유하자면, 텅 빈 가게에 굳이 모험삼아 들어가서 음식을 시켜 먹지 않는 이치와 같다. 게다가 가격까지 비싸면 "뭐야, 무슨 배짱이야?"라는 욕은 덤으로 붙는다.

앞의 예처럼 떡볶이 하나를 팔아도 입지와 아우라가 중요하듯, 단 몇 초만으로 체류와 이탈이 결정되는 온라인에서는(특히 홈페이지!) 그 시각적 요소가 너무나 중요하다. 이제 막 사업을 개시했거나 기존 오프라인 기반 사업을 온라인으로 확장해 보려는 분들은 경험이 없기 때문에 "너무 비싼 거 아니에요? 그냥 형식적인 건데 구색만 맞추면 되지……." 하고 말하지만, 실은 홈페이지는 여러분의 얼굴이요, 모든 온라인광고의 기본 베이스가 되기 때문에 정말 많은 에너지를 투자해야 한다.

무료 홈페이지도 있고, 초저가 홈페이지도 많아서 비용에 민감할 수 있지만 나의 업종에 어느 정도의 홈페이지 예산이 맞을지 합리적으로 측정하고 예산을 안배하는 것이 좋겠다. 똑같이 물을 붓더라도 애당초 그릇이 작고 균열이 가 있는 그릇은 그 물을 담고 있기가 힘들다. 홈페이지는 이 그릇에 해당한다고 생각하면 된다. 홈페이지란 온라인상으로 손님이 유입되었을 때 구매로 전환시키는 최종 종착역이기 때문에 거기서의 균열은 치명적이다.

이미 온라인상으로 손님을 모으기 위해 많은 광고비를 투여했는데, 그렇게 비싸게 모셔온 손님이 홈페이지의 허술함으로 이탈해 버린다면 얼마나 허무한가?

이런 얘기를 듣고 나면 보통 "그래서 얼마가 적당한데요?" 하고 많이들 묻는다. 쇼핑몰의 경우 초보들은 100~150만 원 정도로 이미 만들어진 다른 쇼핑몰에 조금만 디자인을 바꿔 자사의 로고와 상품만 넣는 스타일, 즉 템플릿형 쇼핑몰로 시작해 보는 것도 괜찮다. (더 싸게 제시한 곳들도 결국 이것저것 합치면 저 정도 비용은 발생한다.) 아무래도 초보인 만큼 예산도 충분하지 않고 실패할 확률도 높기 때문에 가급적 최소 비용으로 세팅을 해야 한다. 네이버에서는 'modoo'라고 하는 무료 홈페이지 솔루션도 제공하고 있으니 경험하기엔 그 정도로 시작해 보는 것도 나쁘지 않겠다.

반면 여러 사업의 경험이 있고, 조금이라도 여력이 된다면 300~500만 원 정도로 예산을 잡고 처음부터 어느 정도는 퀄리티 있게 나만의 홈페이지(또는 쇼핑몰)를 만들어 운영해 보는 게 좋다. 아무래도 가격에만 포커스를 맞춰 제작하게 되면, 마케팅이 진행됨에 따라 위에서 말한 전환율의 아쉬움이 너무 크게 느껴지고, 그러다 보면 결국 다시 만들게 될 것이기 때문이다. (홈페이지의 가격은 대부분 디자인과 프로그래밍 개발에 필요한 인건비이다. 괜찮은 퀄리티를 내기 위해서는 그에 걸맞는 고급 인력이 필요하고 그에 따라 단가가 결정되는 구조이다.) 그리고 참고로 특정 회사에서 자체개발한 쇼핑몰솔루션과 카페24나 고도몰 같은 오픈 쇼핑몰솔루션이 있는데, 나만의 독특한 기능이 별도로 필요한 것이 아니라면 오픈 솔루션이 일반적인 온라인 사업에는 훨씬 유리하다. 끊임없이 최근의 트렌드를 반영하여 보안이나 관리 툴을 개선해 나가기도 하고, 워낙 사용자가 많기 때문에 각종 예기치 못한 문제가 발생했을 때 해결책을 찾기에도 훨씬 수월하다.

이미 오프라인에서는 성업 중인데 온라인에서는 인지도가 떨어지는 기업이나 객단가가 높고 신뢰도가 필요한 병원이나 프랜차이즈 등의 업종은 홈페이지에 최소 500만 원 이상의 예산을 안배하는 게 적당하다. 기능과 콘텐츠의 양에 따라 투자비용이 더 올라갈 수도 있지만, 어쨌든 업체의 여건에 맞춰 추후 온라인마케팅에 지속적으로 투입될 비용과 구매전환율, 해당 업체의 브랜딩 요소까지 감안하여 처음부터 제대로 만들 생각을 해야 한다.

〈그림 1〉 네이버에서 제공하고 있는 무료 홈페이지 솔루션 modoo

〈그림 2〉 각종 템플릿형 쇼핑몰을 만나볼 수 있는 카페24 디자인센터

객단가를 높일 수 있는 요소 중 또 한 가지가 바로 '브랜딩'이다. 예를 들어 이미 미디어에서도 많이 다루어지고 베스트셀러 저서도 여러 권 낸 유명한 의사라면 그 병원의 진료비나 서비스 등은 으레 비쌀 거라고 예상할 수 있다.

그럼에도 불구하고 '좀 비싸더라도 유명한 사람이니 실력 하나는 좋지 않겠어? 돈은 좀 더 들더라도 병만 제대로 낫는다면 야.' 하며 그 병원을 찾아간다. 즉, 브랜딩이 잘 되어 신뢰감을 주는 이미지가 형성되면 고객을 모으는 데 훨씬 유리하다.

이렇게 브랜딩 요소를 강화하는 데는 어떤 방법들이 있을까? 전통적인 방법은 국가기관 등으로부터 받는 수상실적, TV 유명 프로그램의 방송출연, 업종과 관련된 전문서적 저술 등이 있다. 누구에게나 길은 열려 있으며, 쉽지는 않지만 도전하다 보면 충분히 할 수 있는 것들이다.

이에 비해 상대적으로 쉬운 방법은 이미 자리 잡은 플랫폼에서 꾸준히 활동하는 것이다. 크지는 않더라도 나름의 브랜딩 효과를 낼 수 있다.

예를 들면 유튜브를 활용하는 방법이다. 자신의 업종과 관련해 사람들이 궁금해할 만한 내용을 정리해 방송한다.

만약 내 경우라면 마케팅의 방법과 성공 사례, 참고할 만한 유용한 지식들을 꾸준히 풀어야 할 것이다. 이제는 말 그대로 1인 미디어 시대이므로 유명한 방송이 나를 찾아와주기만 기다리고 있을 필요가 없다. 이 책을 읽는 사람들은 오늘 당장 유튜브 채널을 만들고, 제목에 팁을 넣어 어설픈 방송이라도 한번 해보라.

얼굴을 보여줄 필요도 없다. 집 인테리어 계약 전에 반드시 체크해야 할 사항, 치아교정할 때 절대로 먹으면 안 되는 음식, 아마존에서 명품넥타이 저렴하게 사는 방법 등의 정보를 담은 방송 말이다. 1~2주만 지나면 그 콘텐츠의 조회수가 꽤 많이 올라 있는 걸 발견할 수 있다. 점점 많은 사람들이 유튜브를 통해 정보를 찾기 때문에 알찬 정보가 담긴 방송을 올리면 조회수가 꾸준히 높아진다. 그러면 유튜브에서는 자연스럽게 그 분야 전문가로 인식된다.

책을 쓸 수 없고, TV 방송에 출연할 수 없고, 정부기관이 주는 상을 받을 수 없다면 유튜브나 블로그를 만들어 꾸준히 해보자. 그렇게 쌓여간 콘텐츠들은 장차 나의 브랜딩을 더욱 높여주고, 객단가를 끌어올리는 견인차로써의 역할을 감당해낼 것이다.


객단가는 매출을 형성하는 매우 중요한 요소이기는 하지만, 무조건 가격만 올린다고 매출이 상승하는 건 아니다. 발 디딜 틈

없이 손님이 줄을 서고 하루 종일 우동을 수백 그릇 팔았는데도 한 달 수익이 400만 원도 채 안 나는 우동집. 이대로는 안 되겠다 싶어 객단가를 올려보자고 결심하고는 무작정 4,000원짜리 우동을 5,500원으로 올렸는데 그때부터 손님이 떨어져 나가더니 매출은 오히려 곤두박질치고 말았다.

객단가를 올린다는 건 '가격을 높인다'는 단순한 개념이 아니다. 객단가를 측정할 때에는 가격상승으로 인해 생길 고객들의 심리적 저항을 고려해야 하며, 경쟁사로의 이탈이 발생하지 않을 만한 적절한 간극 내에서 이뤄져야 한다.

예를 들어 '배추 대란으로 인해 부득이하게 김치 가격이 소폭 상승하였음을 알려드립니다. 대신에 더 좋은 서비스로 보답하겠습니다.'라는 상승의 명분을 공유하든지, 아니면 퀄리티를 조금 더 높이거나 비주얼을 변경한 다음 아예 새로운 이름을 붙여 가격을 올릴 수도 있다. '스트레스를 날려줄 불타는 우동'을 만들어 약간의 재료를 가미해 단가를 조절할 수 있다.

고객은 절대 바보가 아니다. 이윤이 남지 않아 고전하는 업주의 마음까지 헤아리기엔 손님의 코도 석 자니까. '무조건'이 아니라 '합리적인 명분'을 가지고, 자기 브랜드만의 특성을 살린 객단가 올리기 방법을 찾는 것이 중요하다.

합리적으로 객단가를 올리는 방법 중에는 대표적으로 '옵션으로 묶어서 팔기'가 있다. 상품 자체의 가격을 올리는 대신 한 사람이 여러 개의 상품을 구매하도록 유도하는 방법이다.

쉽게 한 예를 들어보자. 나는 최근 온라인 서점에 들어가 필요한 책을 구입하기 위해 검색을 하고 있었다. 눈에 띄는 책이 있어 클릭을 했고 주요 내용을 이리저리 살펴보고 있는데 페이지의 우측에는 [이 분야의 베스트] [이 분야의 신간]이 눈에 들어왔다. 또 중간쯤에 보니 이런 게 보였다. [이 책을 구매한 분들이 함께 구입한 책들]. 내가 필요한 책은 분명 한 권이었는데 장바구니에는 결국 서너 권의 책이 담겼고 결제까지 마쳤다.

병원은 어떤가. 보톡스를 맞으러 왔는데 간호사가 말한다.

"오신 김에 볼에 점 몇 개도 마저 빼고 가세요. 이쁜 얼굴에 옥의 티네요."

하면 보톡스도 맞고, 점도 빼고, 피부관리도 하고 간다. 심지어 계산할 때 보니 방금 피부관리받을 때 사용했던 세안제도 팔고 있어서 하나 구매를 한다. 보톡스만 생각하고 왔던 이 고객에게 병원은 필요한 다른 것들을 잘 제안했고, 그로 인해 몇 배의 매출을 올릴 수 있었다.

이런 예는 또 있다. 식당에서 밥을 먹는데 반찬으로 나온 마늘

장아찌가 너무 특색 있고 맛있다. 그 반찬만 몇 번을 다시 부탁할 만큼 너무 맛있게 먹고 나오는 고객. 그런데 계산을 하려고 보니 계산대 옆에 큰 냉장고가 있고, 거기엔 방금 먹은 그 마늘장아찌가 쭉 진열되어 있는 게 아닌가.

"집에 가셔서도 이 밥도둑을 계속 맛보실 수 있습니다."

적힌 문구를 보며 두 통 정도를 산다. 하나는 집에서 먹고, 하나는 요즘 입맛이 없다는 부장님한테 선물을 드릴 생각이다. 결국 그 식당은 밥 한 그릇 매출을 올렸을 손님에게서 두 그릇 이상의 매출을 냈다.

온라인쇼핑몰에서도 이런 예는 많다. 주말에 캠핑을 가기 위해 코펠을 사야 해서 괜찮다고 소문이 난 사이트를 검색해서 들어갔다. 코펠을 사려고 보니 옵션으로 수저나 식기, 주전자 등등이 함께 묶여 있는 것을 볼 수 있다. 그러잖아도 필요했던 물건들인데 택배비도 아낄 겸 다른 곳에 안 가고 한꺼번에 쭉쭉 이어 담는다. 어느새 장바구니가 한가득 찬다.

오프라인 마트에서는 물건을 담았다 내려놨다 하는 게 힘든 일이지만, 온라인에서는 뒤로가기 버튼 몇 개면 끝나는 일이다. 그래서 한 번 들어온 고객이 최대한 많은 구매를 편리하게 할 수 있게 세팅하는 것이 중요하다.

코펠을 파는 게 목적이지만 코펠을 사기 위해 들어온 사람에게 필요한 다른 물건들도 그만큼 잘 연구하고 제안해 준다면 어떨까? 그런 물건들을 잘만 묶어놓는다면 그 손님은 다른 사이트로 이동하지 않고 다양한 캠핑용품을 그 안에서 편리하게 구매하게 된다. 더불어 그 사람에게는 주인장이 자신의 불편함을 한 방에 해결해 주려 노력했다는 배려가 느껴지면서 무의식중에 만족까지 얻는다. 이런 사례가 많아지면 자연스럽게 편리한 캠핑용품 전문쇼핑몰로 입소문이 나 유입량까지도 부가적으로 얻을 수 있다.

이처럼 객단가를 올리는 방법에는 꼭 상품 하나하나의 가격을 올리는 것만 있는 게 아니다. 한 제품만 사려던 이에게 다른 제품도 같이 구매하도록 만들어 최종 구매액수를 높이는 것도 하나의 방법이다. 이를 위해선 '고객에 대한 이해도'를 바탕으로 그 사람에게 무엇이 더 필요할지, 어느 부분을 좀 더 충족시킬 수 있을지 등을 끊임없이 연구하고 찾아내어야 한다.

행동경제학자 케이웃 첸이 말한 것처럼 "사람들은 합리적으로 의사결정을 하지 않는다." 그들의 가려운 부분을 긁어줄 수 있는 게 무엇인지 파악해서 옵션으로 잘 구비시켜 두면 고객들은 알아서 그것들을 추가적으로 구매한다.

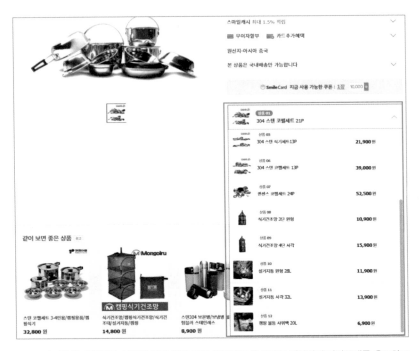

〈그림 3〉 코펠세트 상품에 캠핑 관련 다른 제품들도 옵션으로 제안하여 다량구매를 유도하고 있다.

고객의 필요를 깊이 있게 이해할수록 더욱 적절한 옵션을 제시할 수 있게 되고, 그럴수록 고객 1인당 지출액이 늘어 전체 매출도 늘어난다.

학습에서 가장 중요한 것은 복습이다. 매출에 대한 이해 없이는 시작도 하지 말라고 쓴소리를 했지만, 나는 여전히 당신의 사업을 응원한다. 마케팅을 하다 보니 클라이언트들의 사업이 점점 안정되고 번창하는 것을 지켜볼 때에 가장 보람을 느끼고 힘이 났다. 그래서 밤잠 설치며, 또 실패를 거듭하며 비싼 수업료로 터득한 내용들을 이렇게 고스란히 적고 있는 것일지도 모른다. 그러니 매출의 3가지 공식은 반드시 다시 이해하고 넘어가자. 그런 다음에야 비로소 제대로 된 온라인마케팅이 펼쳐진다.

매출 = 유입량 + 구매전환 + 객단가

자다가 건드려도 툭 튀어나올 정도가 되었다면, 이제 다음으로 넘어가도 좋다.

part

# 2

감정이입을 잘하는 사람이 승자다!
마케팅의 칼자루도 결국은
감정이입을 잘하는 사람이 쥐게 되어 있다.

# 잠재고객은
# 당신을
# 기다리고 있다

# 01

## 잠재고객 분석이
## 최우선이다!

"만약 자동차 업계에서 말하는 것처럼 '고객의 차 미등을 배웅했을 때' 세일즈가 끝난다고 생각한다면 당신은 상상조차 할 수 없는 기회를 놓치고 말 것이다. 그러나 세일즈가 '끊임없는 연속의 과정'이라는 것을 이해한다면 당신은 일류 세일즈맨이 될 수 있다."

－조 지라드, 〈판매에 불가능은 없다〉 중에서

온라인마케팅이라는 업을 통해 그동안 참 많은 사람들을 만났다. 이미 큰 성공을 거둔 기업 회장님들부터 이제 막 사업이라는 세계에 첫발을 내딛는 초보창업자들까지 무수한 스토리와 사연들을 들을 수 있었다.

그중에서도 오랫동안 직장생활을 하며 차곡차곡 모은 돈으로 창업하여 성공을 꿈꾸는 사람들을 만났을 땐 유독 좀 특별한 마음을 느끼곤 했다. 나 역시 오랜 직장생활을 하다가 사업을 하게 된 경우라 더 그랬는지도 모르겠다. 사회에서도 고등학교에서 아이들을 가르치며 들였던 노력만큼만 치열하게 달리면 언젠가는 하고 싶은 것을 마음껏 누리며 살 수 있지 않을까 하는 마음으로 밤낮없이 일만 해온 나였다. 하지만 그러한 생각이 깨지는 계기들은 수없이 많았다.

엉뚱한 곳에서 사기를 당하는가 하면, 열심히 일하고도 수익은 마이너스가 나는 상황을 수도 없이 겪었다. '잘못된 방향으로 가고 있다면 속도를 낼수록 손해'라는 말이 있듯 잘못된 방향, 틀린 방법으로는 아무리 열심히 달려봤자 꿈을 이루기는커녕 달린 만큼 손해만 본다는 걸 당시에는 몰랐다.

물론 그런 숱한 실패의 과정들이 사업에 있어서는 더없이 소중한 경험적 자산이고 필연적인 수업 과정일지도 모르겠다. 어디 실패 없이 대성한 사람이 있던가? 다만 안타까운 것은 실패의 아픔이 너무 커서 왜 실패를 했는지 그 이유를 분석해 볼 여력조차 안 남은 경우가 많다는 사실이다.

바둑에서 프로들은 대국을 마치고 나면 방금 둔 판을 복기*하며 어디가 잘못되었는지를 반드시 검토한다. 중요한 국면에서 내가 선택했던 수가 왜 나빴던 것인지 자세히 분석하며 다음번에 비슷한 장면이 나오면 그때는 더 나은 선택을 할 수 있도록 되짚어보며 공부를 한다.

스타크래프트 게임에서도 프로게이머들은 경기가 끝난 후 리플레이 화면을 보면서 자신의 실수를 다시 한 번 직시해 보고 반성한다. 실력은 이러한 과정을 통해 가장 많이 는다.

사업도 이와 같다. 식당, 병원, 가게, 쇼핑몰 등 어떤 분야로 창업을 하든 결국 초보 시절엔 내공이 약하니 당연히 실패 확률이 높을 수밖에 없다. 파트 1에서 얘기한 것처럼 매출의 원리조차 모른 채 장사를 하는 건 말할 것도 없고, 열심히 하고 있는데도 잘 안 되는 상황이면 왜 그런지 이유를 자세히 찾아봐야 하는데 그런 시도조차 하지 않는다. 그리고선 실패를 하면 "나 같은 사람은 원래 사업을 하면 안 되는 스타일인데 괜히 욕심을 냈다."며 애꿎은 자신의 무능함만 탓하면서 사업을 너무 쉽게 접어버린

* 한 번 두고 난 바둑의 판국을 비평하고자 두었던 대로 다시 처음부터 놓아보는 것. 바둑 용어.

다. 하루라도 빨리 접는 것이 돈을 덜 잃기 때문이라는데 그 말만 보면 완전히 틀린 것도 아니라 반박하기도 힘들다.

그러나 접을 때 접더라도 다음번 창업에 도움이 될 만한 최소한의 경험치라도 챙겨야 하지 않겠는가. 얼마나 힘들게 창업을 했는데, 그리 쉽게 모든 것을 포기할 수 있단 말인가.

요즘은 은퇴 후 바로 창업을 하려는 사람들이 참 많다. 그와 관련된 책도 많고 조언을 해주는 분들도 많지만, 늘 실전은 이론과 엄청나게 다르다는 것을 잊어선 안 된다. 단순히 부딪혀 가며 익히기에는 '수업비용'이라는 것이 너무 많이 든다.

그래서 실제 돈을 투자해서 사업을 세팅하기 전에 가능한 한 최선을 다해 공부하고 준비해야 한다. "난 이미 저질러 버렸는데요?" 하는 사람도 많을 것이다. 지금 이 책을 읽고 있는 상당수가 그런 경우일지도 모르겠다.

나는 이 책이 특히 그런 사람들에게 도움이 되면 좋겠다. 지금까지 내가 마케팅을 진행하며 경험했던 수많은 성공 노하우와 실패담들을 최대한 이 책에 잘 담으려고 하는 이유도, 머리를 싸매고 마케팅을 넘어 사업의 생존 자체를 고민하고 있을 많은 사장님들이 더는 어려운 길을 걷지 않길 바라는 마음에서다.

이제, 이번 장에서 강조할 '잠재고객'은 단순히 마케팅의 영역뿐 아니라 삶의 전 영역과도 관계된 너무나 중요한 요소이다. 사업을 하고 있는 클라이언트들에게 "귀사의 잠재고객은 누구인가요?"라고 물었을 때 곧바로 척척 대답하는 경우는 별로 없었다. 내가 파는 상품 혹은 서비스가 필요한 고객들이 누구인지, 그들의 특징과 필요는 무엇인지, 사업을 하려면 적어도 이 부분은 잘 알고 있어야 한다.

의외로 많은 사람들이 '잠재고객'은 건너뛰고, 오로지 자신이 팔 상품에만 모든 관심을 쏟는다. 예를 들어 음식점을 운영한다면 우리 가게를 찾아올 손님에 대해 생각하기보다는 내가 만드는 음식의 맛, 재료, 메뉴에만 신경을 쓰는 경우이다.

내 가게를 어떤 사람에게 추천하면 가장 좋을까? 어떤 사람이 우리 가게를 자주 방문할 수 있을까? 그런 사람들은 어떤 니즈(needs)를 가지며 어떤 서비스를 제공받으면 더욱 만족할까…….이런 것들을 끊임없이 고민해야 한다.

자, 그러면 이제 잠재고객의 정의가 대충은 이해되었을 것이다. 이쯤에서 한번 읊어보고 난 후, 잠재고객을 어떻게 관리하고 그들을 어떻게 구매고객으로 유도해야 하는지 그 노하우를 살펴보기로 하자.

잠재고객 : 내가 취급하고 있는 상품(또는 서비스)을 구매할 가능성
이 있는 모든 사람

# 02

## 잠재고객님,
## 나의 당신은 누구신가요?

    한 사장님이 나를 찾아왔다. 요새 경기도 안 좋은데 어디에 꽁꽁 숨어 있는지 아무리 여기저기 광고를 해도 손님이 늘지 않는다고 했다. 다른 호프에 비해 안주도 맛있고 가격도 싼 편이며 주변이 아파트 단지라 상권도 괜찮은 것 같은데 도통 손님이 오질 않는단다. 답답한 마음에 며칠 동안 몇 만 장의 전단지까지 돌렸으나 여전히 반응이 없자 소개를 통해 나를 찾아오게 되었다고 했다.

    나는 그분에게 "사장님의 잠재고객은 누구입니까?"라고 물었다. 사장님은 잠시 고민하더니 "이 근처 아파트에 사시는 분들인 것 같습니다."라고 답했다. "그럼 여기 오는 손님들의 대부분은 어떤 분들인가요?"라고 묻자 그건 어렵지 않다는 듯 바로 답했다.

"현재 오시는 분들 대부분은 근처 직장에서 일 마치고 삼삼오오 그룹 지어 오시는 젊은 분들입니다."

뭔가 이상함이 느껴지는가? 실제 주요 고객층은 사장님이 생각하는 잠재고객, 즉 '아파트에 사는 사람들'이 아니었다. 주로 근처에서 직장생활을 하며 퇴근 후에 간단히 맥주 한잔하며 스트레스를 풀기 위해 오는 사람들이었다.

사장님이 생각하고 있는 잠재고객과 실제 그 술집을 좋아하고 단골이 되는 사람들이 달라도 너무 달랐다. 오히려 그분이 생각하는 잠재고객인 주변 아파트 거주민들은 배달앱을 통해서 치맥 세트 등을 시켜 먹는 경우가 더 많았고, 주말 외에는 상가로 나와 맥주를 마시는 경우도 예상처럼 많지가 않은 상황이었다. 그럼에도 불구하고 계속 아파트 거주민들을 잠재고객으로 잡고 마케팅을 시도하고 있었으니 제대로 효과를 낼 리가 만무했던 셈이다.

이처럼 잠재고객을 누구로 규정짓느냐의 문제는 가게의 운영과 마케팅의 방향에 엄청난 영향을 끼친다.

예를 들어 아파트에 사는 사람들이 잠재고객이라면 전단지를 돌리는 것도 효과가 있을지 모른다. 그러나 주변의 직장인이 주요 잠재고객이라면 아파트 주민들에게 전단지를 돌리는 건 말 그대로 돈 낭비일 뿐이다.

차라리 비용을 보태서 직장인들이 많이 검색할 만한 키워드들을 찾아 온라인마케팅을 하든지, 인스타그램 같은 SNS마케팅을 하든지, 아니면 근처 회사들과 아예 특별할인 제휴를 맺어 멤버십 전략을 펼치는 것이 낫다. 그 사장님의 진짜 잠재고객은 아파트 단지 어딘가에 꽁꽁 숨어 있는 게 아니라, 그 술집 몇 정거장 내에 널린 회사들 안에서 열심히 일하고 있을 테니까 말이다. 퇴근 후 맥주 한잔을 떠올리며, 열심히.


잠재고객을 누구로 정의하느냐의 문제는 마케팅 전략을 수립하기 전에 가장 공을 들여 신중히 탐구해야 할 부분이다. 이는 광고에서 제일 중요한 홍보의 타깃을 정하는 일이기 때문이다.

예를 들어 똑같은 안과라도 근처의 안질환자들을 잠재고객으로 삼을지, 전국의 라식수술 대상자들을 삼을지, 중국인들을 타깃으로 삼을지에 따라 전략은 완전히 달라져야 한다. 나 역시 실제 광고의뢰를 받으면 이 단계에 상당한 시간을 할애한다. 경험상 이 단계에서의 성패는 광고 후 매출 변화에 엄청난 영향을 끼친다.

이 책을 읽는 여러분의 이해를 돕기 위해, 실제 마케팅을 할 때 잠재고객을 어떻게 설정하고 그에 맞는 전략을 어떻게 짜는지 간단하게라도 설명을 해보겠다.

예를 들어 '상도동 소재의 한 치과'를 홍보한다고 가정해 보자. 그러면 상도동 주민들이나 동작구 중에서 해당 치과까지 다닐 만한 거리에 있는 모든 치아환자들을 제일 먼저 넓은 잠재고객군으로 설정한다. 잠재고객을 설정하고 마케팅을 시작해야 하는 필요성을 모르는 대부분의 사람들은 여기서 끝나기 때문에 키워드로 치면 상도동치과, 상도동임플란트 같은 일반적인 상도동 키워드만 떠올리게 된다. 그러나 노련한 마케터라면 잠재고객을 더욱 다양하게 찾을 것이다.

예를 들면 근처에 있는 숭실대학교를 발견하고, 숭실대학교 학생들을 홍보의 타깃으로 삼을 수 있다. 키워드로 치자면 숭실대치과, 숭실대근처치과 등 다양한 '숭실대 + 치과 관련 키워드'의 조합이 나올 것이고, 숭실대 학생들이 많이 모이는 온라인 카페나 커뮤니티 등을 찾아 그곳을 집중적으로 공략해 볼 수도 있다.

페이스북으로 홍보한다면 숭실대학교 학생들의 공감을 잘 이끌어 낼 수 있을 만한 매력적인 콘텐츠를 만들고 그들만을 대상으로 한 타깃팅 홍보를 집행할 수도 있다. 숭실대 학생이라는 잠재고객이 설정되니 효과는 제쳐놓고라도 일단 그들에게 맞는 마케팅 방법이란 걸 기획해 볼 수가 있다.

일본에서 영업의 신이라고 불리는 카가와 신페이가 쓴 〈너는 아직도 영업을 모른다〉에 보면 그가 인용한 다카타 아키라 사장의 말과 함께 매우 인상적인 구절이 나온다.

"IC 레코더를 한번 예로 들어보죠. 이 제품은 불과 3개월 만에 4만 대나 팔렸습니다. 놀랍죠? 통상적으로 IC 레코더는 회의 녹음 등에 사용되지만 저희 회사 제품은 어린아이가 있는 엄마들에게 불티나게 팔려나갔습니다. 그건 성능에 대한 설명은 최소한으로 하고 '6시에 돌아갈게'나 '냉장고에 아이스크림 있어!' 등 아이들에게 전할 말을 남기고 싶을 때 이걸 써보면 어떨까요, 라고 엄마라는 대상을 잡아 어필했기 때문입니다."

카가와 신페이는 일본 홈쇼핑인 자파넷이 인기가 높은 이유를 분석한 내용으로 위 구절을 인용했다. 그러면서 그는 덧붙인다. '자신이 팔고 싶은 상품을 메인 타깃 이외에 누구에게 더 팔 것인가를 끊임없이 생각하라고.'

그는 잠재고객의 확장에 대해 이야기하고 있다. 카가와 신페이는 '내가 다루고 있는 상품은 누구를 위한 것일까? 그들이 타깃이 아니라면 또 누가 우리 것을 필요로 할까?'를 진지하게 고민해야 한다고 하면서, '당근을 원하는 건 꼭 말(horse)만 있는 건 아니다.'라고 했다. 과연 영업의 신다운 말이다.

우리는 우리가 하고 있는 사업의 잠재고객을 누구로 정의하고 있는가? 그리고 그 잠재고객은 얼마나 구체적이고 다양하게 늘어나고 있는가? 잠재고객의 정의를 어떻게 내리느냐에 따라 우리의 상품을 팔 수 있는 범위는 엄청나게 확장되거나 축소되기도 한다. 마케팅의 방법도 달라질 수 있고, 그에 따라 매출은 천지차이로 벌어질 수도 있다. 그러니 나의 잠재고객을 잘 정의하는 것은 얼마나 중요한가.

# 03

## 잠재고객님,
## 당신은 지금 어디에 계신가요?

잠재고객을 정의했다면, 이제 그들을 어디에서 만날 것인지 찾아야 한다. 오프라인 광고는 내 가게 주변의 옥외광고 시스템을 활용하면 간단하다.

예를 들어 논현역 근처에 있는 레스토랑을 운영 중이라면 논현역 일대의 옥외광고판과 그 근처를 다니는 버스, 지역신문 등이 제일 먼저 떠오르는 방법이다. 아무래도 입지의 영향을 많이 받는 요식업종의 특성상 해당 지역을 다니는 사람들 자체를 타깃팅해서 홍보하기에 가장 적합하기 때문에 그렇다.

그런데 "온라인상에서 잠재고객은 어디에 있죠?" 하고 물으면 머리를 긁적이며 "글쎄요." 한다. 지금껏 온라인으로 마케팅을 해본 적이 없어 어색하다 보니 뭔가 복잡할 것 같고, 어려울 것만 같아서 그렇다고들 하는데 막상 진행해 보면 그렇지 않다. 큰 맥을 잡는 것은 오프라인만큼이나 쉽다.

　　예를 들어 네이버나 다음 같은 검색포털의 영역에서는 키워드로 잠재고객을 만난다. 논현역레스토랑, 논현역맛집, 논현역데이트장소 등의 키워드를 검색하는 이들이 내 가게를 방문할 가능성이 높은 사람들이다. 이런 좋은 키워드를 많이 확보해 두는 것은 온라인마케팅에 있어서 중요한 자산이므로 서두에도 말했듯이 이 책을 읽는 분들은 늘 습관처럼 잠재고객을 만날 수 있는 키워드를 하루에 몇 개씩이라도 꾸준히 찾아내 보길 바란다.

　　그리고 SNS라는 플랫폼에서는 키워드가 아니라 가입 시 설정한 회원요소들로 잠재고객을 만나야 한다. 페이스북의 경우 나의 관심사, 지역, 나이 등등을 설정하는데 위의 가게 같은 경우엔 관심사에 음식/맛집 관련 선택을 나타낸 사람, 현재 논현역 근처에 있는 사람, 나이는 레스토랑의 콘셉트에 맞는 나이대 등으로 설정해서 내가 송출하려는 광고 콘텐츠를 전달할 수 있다.

〈그림 1〉 네이버에서는 검색 키워드로 잠재고객을 만날 수 있다.

　또한 페이스북은 맞춤DB라고 하여 내가 보유한 별도의 DB파일이 있다면 그들에게만 광고를 송출할 수도 있다. 예를 들어 내가 주얼리 공장을 운영하고 있는데, 파격적인 도매공급 이벤트를 기획하여 홍보를 하고 싶다고 해보자. 비용이 들더라도 만약에 주얼리숍을 운영하는 소매숍 사장들에게만 홍보를 할 수 있다면 누구나 혹하게 된다. 주얼리숍을 운영 중인 사람들의 DB를 확보해둔 경우 페이스북의 시스템에서는 맞춤 광고를 할 수 있다. 물론 그렇게 효율적인 DB를 구하는 것이 통상적으로 쉽지도 않고, 자칫 잘못했다간 법적인 문제로 불거질 소지도 있어 조심스러운

영역이긴 하다. 하지만 자신이 사업을 하면서 모은 기존 고객들의 DB나 합법적인 범위 내에서 광고를 통해 수집한 잠재고객들의 DB가 많다면 충분히 활용해 볼 만한 방법이다.

〈그림 2〉 페이스북에서는 빅데이터를 기반으로 타깃팅을 설정할 수 있다. 맞춤 타깃은 광고 만들기 상세 설정에 가면 세팅할 수 있으며, 이와 관련된 자료는 인터넷에 무수히 많으니 검색해서 활용해 보기 바란다.

그리고 지역 기반이 되었든 관심사 기반이 되었든 온라인상에는 그것과 관련된 수많은 커뮤니티들이 존재한다.

위에서 예를 든 논현역 레스토랑이라면 강남 쪽 여러 맘카페들부터 시작해서 고급진 레스토랑을 찾고 있을 만한 연인들이 모인 커뮤니티, 강남의 맛집들을 소개하는 유튜브 채널의 팔로워들 등등 나의 잠재고객들이 이미 모여 있는 그룹들이 상당히 많다. 그곳들을 통해서도 온라인상으로 잠재고객들을 만날 수 있는 만큼 그런 커뮤니티들을 잘 활용하면 매출증대에 큰 도움이 된다.

사실상 오늘날 보편적으로 사용되고 있는 바이럴마케팅이라는 용어도 그 시작은 이런 커뮤니티 상에서의 입소문이 바이러스처럼 강력하게 퍼져나가는 걸 빗대어 만들어졌다(virus + oral = viral). 여전히 커뮤니티 마케팅은 강력하고, 그 효과가 꽤나 즉각적으로 드러나기에 여러분은 나의 잠재고객들이 모여 있을 만한 온라인상의 공간을 찾아내는 데 상당한 노력을 기울여야 한다.

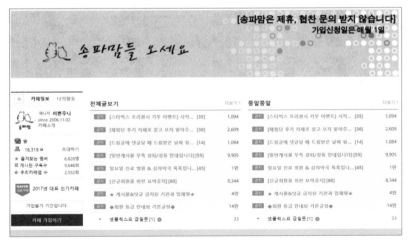

〈그림 3〉 지역 맘카페. 네이버에는 어느 지역이든 그 지역을 대표하는 맘카페들이 있다.

〈그림 4〉 RC카 관련 카페. 네이버에는 온갖 다양한 취미 관련 카페들이 있다.

　　한가지 팁을 드리자면, 온라인커뮤니티를 찾았다고 해서 거기에다 바로 광고글을 써대면 사람들은 절대로 좋은 반응을 보이지 않는다. 커뮤니티 바이럴마케팅 전략은 반드시 장기적인 관점으로 접근해야 한다. 해당 커뮤니티의 성격에 맞는 실질적인 활동을 하면서 회원들의 신뢰를 확보하는 것이 중요하다. 내 전문 분야에 관해 회원들에게 도움될 만한 정보를 꾸준히 제공해 보라. 그렇게 입지를 다지게 되면, 굳이 내 제품을 홍보하지 않더라도 커뮤니티 속의 잠재고객들은 알아서 나에게 해당 제품을 문의해 올 것이다. 예를들어 맥북수리를 전문으로 하는 한 업체는 맥북 커뮤니티에서 맥북 관련 문제점과 관련된 질문이 올라오면 그것을 셀프로 해결할 수 있는 방법을 정말 친절히 알려준다. 하수들이 보기에는 무료로 그러는 게 도대체 뭔 득이 있나 싶을 수도 있겠지만, 그러면서 회원들의 무의식 속에는 이 사람이 점점 맥북 전문가로 자리잡고 있다는 걸 잊지 말라, 그것도 매우 신뢰할 만한 전문가로. 커뮤니티를 제대로 활용하려면 광고할 생각을 접어두고, 그 속에 있는 나의 잠재고객들을 어떻게 하면 더 많이 도울까만 생각하라. 그러면 그 속에서 손님들은 알아서 생겨날 것이다.

# 04

## 감정이입을
# 잘하는 자가 승리한다!

마케팅을 잘하는 사람들은 고객을 잘 이해하고 있는 사람들이라고 할 수 있다.

'어떤 사람들이 우리 상품을 원할까?'

'우리 상품이 필요한 사람들은 어떤 게 가장 괴롭고 불편할까?'

'우리 상품을 원할 만한 사람들이 우리 상품 대신 고를 만한 대체 상품들은 어떤 게 있을까?'

'그리고 그들은 그 상품과 우리 상품을 놓고 무엇을 가장 고민

할까?'

이처럼 잠재고객의 머릿속을 자세히 이해할수록 마케팅을 잘할 가능성도 높아진다. 그들의 가려운 곳을 잘 알기에 핵심만 쏙쏙 골라 시원하게 긁어줄 수 있는 내용으로 공감을 얻을 수 있기 때문이다.

〈팔지 마라 사게 하라〉라는 책에 보면 고객의 마음을 사로잡는 방법을 이야기하는 내용 중 꽃집 사례가 나온다. 두 개의 꽃집이 있는데 한 꽃집 주인은 "장미 사세요!"라고 말하고 또 다른 꽃집 주인은 "사랑 사세요!"라고 한다.

둘 중 어느 집이 대박집이고 어느 집이 쪽박 집인지는 말하지 않아도 충분히 짐작할 수 있다. "사랑 사세요!" 하고 말한 가게의 주인은 고객을 이해하는 수준이 상당히 높다. '사랑'이라는 메시지가 가진 힘으로 고객의 마음을 사고 있기 때문이다.

꽃이 필요한 사람은 대부분 누군가에게 꽃을 통해 마음을 전하려는 이들이다. 단순히 꽃 자체가 예뻐서 사는 사람은 거의 없다. 꽃을 사려는 이들의 구매목적을 정확히 파악한 상태에서, 사랑하는 이에게는 지갑을 덜 아끼게 되는 심리를 이용해 "사랑 사세요!"라고 외친 것이다. 결국 잠재고객을 얼마나 잘 이해하느냐

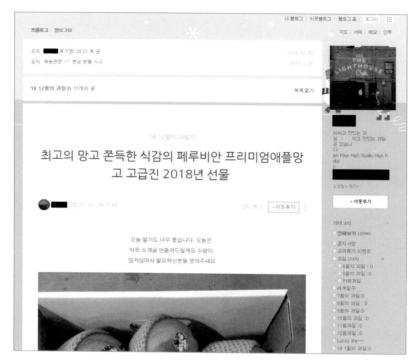

비싸고 맛있는 과
일 ㅣ ......싸고 맛있는 과일
은 없습니...
6h Price High Quality High R
etur

〈그림 1〉 고객의 니즈를 정확히 읽어 프리미엄 과일 중심으로 매출을 내고 있는 한 블로그

가 매출을 결정하는 첫걸음이다.

최근 개인적으로 눈여겨보고 있는 블로그가 하나 있다. 보통 블로그마케팅이라고 하면 예쁜 디자인, 퀄리티 높은 포스팅, 상위노출, 블로그체험단 등의 범주 내에서 그림을 그린다. 그런데

이 블로그의 주인은 그런 걸 다 무시하고 오직 고객을 분석하고 그들이 원하는 콘텐츠만 올려서 성공하고 있었다.

과일을 파는 분인데 블로그마케팅이 흔하지 않은 영역에서 블로그마케팅으로 높은 효율을 내고 있는 게 신기해서 주목하는 중이다.

어느 날 치기공 사업을 하고 있는 친구를 만나 이런저런 이야기를 하던 중에 이 가게를 소개받았다. 다른 곳에 비해 가격은 좀 더 높지만, 그래도 정말 너무 맛있는 과일만 파는 가게가 있다고 했다. 블로그로 과일을 팔고 있으니 나보고도 한번 자세히 보라고 해서 녀석이 알려준 블로그 주소로 한번 들어가 보았다.

블로그로 과일을 판다는 것도 신기했는데, 오직 과일 파는 콘텐츠만 올려서 높은 매출을 내고 있다는 게 더욱 신기했다. 예쁜 디자인, 상위노출 같은 건 전혀 신경 쓴 흔적이 없었다. 말 그대로 고객들이 정말 좋아할 만한 과일만 잘 구해왔을 뿐이었다. 그 블로그의 프로필은 참 간결하고 명확했다.

"싸고 맛있는 과일은 없습니다!"

돈 좀 더 주더라도 정말 맛있는 과일을 사먹고 싶어 하는 사람들이 바로 이분의 고객이었다.

포스팅 내용들을 보면 과일마다 좋은 품종을 어떻게 구별하는지에 대한 기본 설명과 주인장이 직접 먹어보고 품질의 수준을 확인하는 1차 필터링 결과까지 보여준다. 그렇게 확실한 상품만을 선별해 주기에 맛있고 좋은 과일을 먹고 싶은 사람들은 좀 더 비싼 가격인 줄 알면서도 주저 없이 주문을 하고 있었다.

수천 개의 포스팅 중에는 블로그 사진만 보고 시중가보다 더 비싼 금액을 지불하기 망설여질 사람들의 고민과 과일 선물을 하려는 사람들이 제품을 고를 때 걱정할 만한 부분들까지 잘 설명해 주며 안심시켜 주는 내용들도 종종 볼 수 있었다. 이처럼 고객을 이해하고 배려한 콘텐츠들이 꾸준히 쌓여 진성 팔로워를 모으고 지금의 안정적인 매출을 확보할 수 있게 된 듯했다.


나의 잠재고객을 잘 이해하고 그들의 마음을 잘 간파해 내는 사람이 결국은 성공하기 마련이다. 나는 마케팅 기획을 할 때마다 제일 먼저 그 제품이 필요한 소비자들로 감정이입을 해보라고 강조한다. 키워드 발굴부터 콘텐츠 작성까지, 고객으로 감정이입을 잘 하는 사람과 못하는 사람은 모든 단계에서 수준 차이가 많이 나게 되어 있다.

잠재고객들이 정말 원하는 게 뭘까?

그들이 우리의 상품을 구매하기 전에 고민하는 이유는 뭘까?

내 상품을 쓰면 좋을 잠재고객들의 평소 불편과 고통은 무엇인가?

결국은 그들로 깊이 감정이입을 해야 한다. 그들의 간지러운 곳을 싹싹 긁어줄 만한 가치 있는 정보를 진솔하게 전달하면 매출은 쑥쑥 올라갈 수밖에 없다.

# 05

## 잠재고객을 구매고객으로
## 만들기 위한 3가지 전략

　자, 그러면 우리를 기다리고 있는 잠재고객을 실제 우리의
고객으로 만들기 위한 전략을 크게 3가지로 나누고 정리해 보자.
잠재고객을 잘 알고 이해해야만 그 다음 장으로 넘어갈 수 있다.
여기서 아직도 머리를 긁적이고 있다면 앞으로 돌아가 다시 한
번 꼼꼼하게 살펴보도록 하자. 사업, 결코 녹록지 않다!

첫째. 잠재고객의 고민을 잘 알아야 한다. 그들의 필요와 고민 등 그들에 관한 최대한 많은 것을 알기 위해 노력하라.

둘째. 잠재고객의 검색 경로를 찾아라. 그들이 어떤 키워드로 검색하고, 어떤 용어들을 활용하여 정보를 얻는지 알아야 한다.

셋째. 잠재고객이 활동하는 커뮤니티를 알아야 한다. 그곳이 당신의 고객들이 모여 있는 공간이다. 거기에서 그들의 문제와 고민에 대해 답을 해주어라.

첫째, 잠재고객을 최대한 깊이 이해해야 한다. 남녀 커플이 싸울 때 항상 하는 말이 있지 않던가?

"한번 입장을 바꿔 생각해봐! 네가 나라면 지금 어떤 기분이겠는지!!"

그렇다. 감정이입을 잘하는 사람이 승자다! 마케팅의 칼자루도 결국은 감정이입을 잘하는 사람이 쥐게 되어 있다. 언젠가 한 기업 강의에서 들었던 말이 떠오른다.

"고객의 니즈(needs), 원츠(wants), 페인(pain)을 얼마나 정확하고 세심하게 읽어내는지가 기업의 성공을 좌우한다."

많은 병원 홈페이지들이 자기자랑만 늘어놓느라 정신이 없다. 정작 병원의 히스토리나 고객이 궁금해할 만한 내용은 잘 보이지 않는다.

　그들에게 스토리텔링을 하라고 하면 "나는 스토리로 풀 만한 소재가 없는데?"라고들 한다.

　광고에서 스토리텔링이란 무엇인가. 상대가 궁금해하는 것을 되짚어주고, 그 부분을 해결하기 위해 나는 어떤 해법을 사용하고 있으며, 왜 그 해법을 만들게 되었는지 그것만 잘 설명하면 된다. 그게 스토리텔링이다. 꼭 특별한 이야기가 있어야 스토리를 만들 수 있는 게 아니다.

　예를 들어 무통 임플란트 시술이라는 게 있다고 하자.

　"여러분 임플란트 많이 아플까 봐 걱정되시죠? 저도 의사지만 겁이 많아 어려서부터 병원 가는 것을 무서워했습니다. 특히 치과의 그 예리한 쇳소리 같은 건 더 무서웠어요. 그래서 저는 치과를 개원하고 임플란트 쪽을 준비할 때 제일 먼저 통증에 대한 두려움부터 신경 썼어요. 저처럼 통증이 너무 무서운 분들에게 무통 임플란트를 추천드립니다."

　자, 어떤가. 환자 입장에서 본다면 한결 마음이 놓이지 않는가. 특별한 기술이 적용된 게 아니다. 그냥 임플란트가 아플까 봐 걱정하는 고객들의 걱정을 되짚어주고, 왜 무통 임플란트라는 것을 신경 써서 준비하게 되었는지 그 이야기를 쭉 써내려갔을 뿐이다.

"저는 명문대 치과를 나왔습니다. 우리 병원의 장비는 최첨단입니다. 수많은 환자들이 다녀간 유명병원입니다."

이런 식의 단순한 '내가 최고야!' 광고보다 훨씬 낫지 않은가?

홈페이지는 '내 자랑' 공간이 아니라 '잠재고객의 필요에 대해 내가 준비한 답을 제시하는 공간'임을 명심하자.

내 고민을 누군가 그대로 이야기해 준다면 시작부터 마음이 확 열리지 않겠는가.

내 것을 구매할 사람들이 누구인지 타깃팅을 명확히 하고, 그런 다음 그들이 궁금해할 것들, 고민할 만한 것들이 무엇일지 생각해 보자. 그리고 블로그에, 홈페이지에, 그걸 그대로 쓰자.

그게 바로 스토리텔링이고 좋은 콘텐츠다. 고객의 고민을 그냥 적기만 해도 이미 공감이라는 그물에 그들을 낚을 준비를 한 셈이다. 효과는 말할 필요도 없다.


둘째, 잠재고객이 고민을 해결하기 위해 검색하는 경로를 파악해야 한다. 이것은 온라인마케팅에서 가장 중요한 부분이다.

자, 한 사람으로 빙의해 보자. 여기 과도한 업무로 스트레스가 극에 달한 사람이 있다. 오늘도 이런저런 생각으로 책상 앞에 앉아 머리를 쥐어뜯는데 두피 한 곳이 왠지 '숨벙'하며 허전한 느낌이 드는 게 아닌가!

뭐지? 설마?

거울로 잘 보이지도 않는 정수리 부분을 억지로 비춰 보니 뭔가 좀 휑한 것이 탈모가 아닌가 싶다. 스트레스로 정수리 탈모를 심각하게 겪었던 친구가 떠오르는 순간 그는 놀란 가슴을 부여잡고 핸드폰으로 검색을 해보기 시작했다.

〈탈모증상을 느낀 사람들의 예상 검색 키워드들〉
탈모
탈모 초기 증상
정수리탈모
원형 탈모
탈모원인
탈모에 좋은 음식
맥주효모
탈모 치료방법
탈모 한의원
탈모 수술

이렇게 찾다 보니 '머리숱을 원하는 사람들(가칭)'이라는 사이트가 보인다. 거기에 들어가자 엄청난 정보의 바다가 펼쳐진다. 딱 나 같은 사람도 제법 있고, 이렇게 저렇게 머리가 빠진 별별 경험담들이 다 있다. 더 자세히 찾아보고 하루빨리 뭔가 해결을 위해 손을 써야겠다는 결심을 한다. 자, 이제 빙의에서 벗어나 다시 원래대로 돌아와 보자.

이제 나는 탈모를 치료하는 병원의 병원장이다. 나의 잠재고객들이 어떻게 검색하고 어디에서 놀고 있는지 그 길목이 좀 보이는가?

여기서 바로 셋째로 넘어가자. 그들의 커뮤니티를 확보했다면 이제 그곳에서 나의 이야기를 펼쳐본다. 나의 잠재고객들이 겪고 있을 문제들에 대해 내가 어떻게 해법을 찾게 되었는지, 정보를 주고 깊은 공감을 하며 그들의 호감과 관심을 사는 부분들이다.

그들이 어떤 고민을 가지고 있는지, 어떻게 온라인 검색을 하는지, 어디에서 활동을 하는지만 알고 있으면 일단 대책을 세울 수 있게 된다. 보통 온라인마케팅을 한다고 하면 'ㅇㅇ 키워드 검색하면 상위노출이 되게 해주세요.' 'ㅁㅁ 영역에 사이드 배너 광고를 해주세요.' 등으로 요청을 하는데 이보다 중요한 것은 나의 잠재고객들이 탐색하는 경로에 걸릴 수 있는 키워드를 찾아내는 것과 그들이 있는 커뮤니티나 그들이 활동하는 어장을 알아내어 그곳에 나의 솔루션을 푸는 방법이다.

내가 글을 직접 쓸 수도 있고 질문자들에게 댓글로 정보를 줄 수도 있다. (단, 다시 한번 말하지만 처음부터 대놓고 상업적 목적을 드러내는 것은 역효과를 낼 수 있으니 말 그대로 정보만 꾸준히 주라. 그러면 시간이 갈수록 당신 자체를 신뢰하게 되고 나중에는 자연스럽게 홍보를 할 수 있게 된다.)

모든 걸 대행사에 맡기지 않아도 된다. 사실 이렇게 커뮤니티만 잘 공략해도 충분히 효과를 볼 수 있다. 다만, 겨우 수집한 그들의 주요 길목에서 엉뚱한 소리는 하지 말자. 거기에 세울 콘텐츠는 최소 다음의 두 요건은 갖추고 있어야 한다.

'그들의 고민을 해결하기 위해 왜 내가 준비한 제품(서비스)을 써야 하는가?' (why it?)
'왜 수많은 대안들 중에 나여야 하는가?' (why me?)

홈페이지 제작회사의 경우 이렇게 설명할 수 있을 것이다.

'왜 사업에 홈페이지가 필수요소인가?'

'왜 다른 회사가 아니고 우리 회사에 맡겨야 하는가?'

이 두 가지 내용이 잘 담긴다면 그것은 곧 좋은 콘텐츠가 된다. 너무 당연하고 단순한 내용이라 쉽게 느껴지는가?

하지만 막상 자신의 사업으로 가져와 저런 형식으로 질문을 만들고 답을 해보려고 하면 쉽지만은 않다는 걸 알 수 있다.

실제로 미팅 자리에서 위 두 질문을 했을 때 바로 답했던 클라이언트는 그리 많지 않았다. 그러나 이 질문에 대한 답은 자신이 하는 사업의 가장 핵심적인 아이덴티티라고도 할 수 있으므로 진지하게 고민하고 답을 찾기 바란다.

그게 없다면, 어떻게든 만들어 내기라도 해야 한다. 그렇지 않으면 미안하지만 그 사업은 가치도 없고 희망도 없다.

이 답을 잘 준비한 사람들은 대부분 문의 전화가 오면 자신 있게 응대하고, 상품에 대한 어필도 자신 있게 한다. 확실히 구매전환을 더 잘 시킬 수 있다는 말이다.

어차피 시작한 이상 정말로 '이기는' 사업을 해보자. 그러기 위해서는 특히나 잠재고객을 잘 알고 있어야 한다. 아무리 강조해도 지나치지 않은 잠재고객에 대해 단단히 새겨두었다고 믿고, 다음 장으로 넘어가보자.

part

# 3

제품과 서비스에 더욱 만족하게 해주는 것,
시원스럽게 구매를 결정하게 만드는 것,
다음번에 또 찾아오고 싶게끔 만드는 것,
나아가 우리의 팬이 되도록 만드는 것,
내부광고의 힘.

# 내부광고를 통해
# 고객을
# 꽉 잡아라

# 01

## 고객의 재방문이 없는 건
## 고객이 아니라 당신 잘못이다

싸고 큰 가게가 근처에 생겼다고 두려워하지 말고, 우리 메뉴를 어떻게 팔까를 고민해. 손님을 대하는 방식 하나하나가 판매와 직결된다면 내 앞에 놓인 1분, 1초가 중요하게 여겨질 거야.
　－우노 다카시, 〈장사의 신〉 중에서


"한 번 온 손님이 다시 오지 않는다면 그건 전적으로 당신들의 책임이야. 그러니 어떤 작은 기회라도 소홀히 해선 안 돼."

일본 이자카야의 신이라 불리는 우노 다카시가 한 말이다. 단골 만들기에 탁월한 재능을 보였던 그는 '장사가 어렵다'는 사람들에게 일침을 가한다.

> 이런저런 경로를 통해 이미 우리에게 고객이 도착했는데 그들을 붙들지 못한다면?
> 고객이 우리 가게와 홈페이지에서 한참을 머물다 갔는데도 다시 찾아오지 않는다면?

생각보다 이런 고민을 안고 있는 클라이언트들이 많다. 고객이 일단 나에게 왔다는 것은 업주로선 커다란 기회를 얻은 셈인데, 한 번 온 고객이 다시 오지 않는다면 분명 우리 업체에 문제가 있다는 걸 깨닫고 빨리 그 문제가 뭔지 파악해야 한다.

돈을 쓰려고 제 발로 찾아온 그들을 잡지 못하고 놓쳐 버렸단 사실은 그 업체가 손님 맞을 준비가 안 됐다는 것을 의미하기도 한다.

가뜩이나 장사가 안 돼 힘들어 죽겠는데 왜 독설로 염장을 지르느냐고?

그렇지 않다! 염장이 아니라 도움을 주기 위해 나는 이 글을 쓰고 있다. 그러니 눈 동그랗게 뜨고 집중하기를.

이번 장에서 나는, '한 번 들어온 손님들을 절대 놓치지 않고 단골로 만드는' 온라인상의 비법들을 알려주려고 한다. 그것이 바로 '내부광고'다.

사업은 온라인이든 오프라인이든 이러한 단계를 거친다.

잠재고객이 누구인지 알고, 또 어디에 있는지 알았다면 우리는 그곳에 집중적으로 홍보와 마케팅을 할 수 있다. 그렇게 유혹된 고객은 내가 있는 곳으로 유입될 것이고, 직접 눈으로 보면서 구매를 고민하게 될 것이다. 그들을 한 번의 구매고객으로 끝나게 할 것인지, 지속적인 고객으로 만들 것인지는 바로 그 다음 단계인 고객 응대에서 결정이 된다. 고객과 만난 시점부터 이어지는 서비스 일체와 그들에게 보여지는 모든 나의 모습, 즉 내부광고이다.

이쯤에서 일전에 방문한 가게 한 곳을 이야기해 볼까 한다. 간

만에 친구들과 만나 심심하게 이야기나 나눌 곳을 찾다 밤이고, 남자 넷이 카페도 좀 그렇고 해서 칵테일바를 갔는데 그들의 고객 서비스에 무척이나 감동을 받았다.

우리는 넷 다 술을 못해서 논 알코올 칵테일 네 잔을 주문하고 그간 못다 한 이야기를 나누고 있었다.

그곳은 신청곡을 받아 틀어주는 서비스가 있었는데, 우리는 모두 각자 한 곡씩 좋아하는 걸 써서 신청을 했고 거기 머무는 동안 우리가 좋아하는 노래가 흘러나와 좋은 분위기 속에서 즐겁게 담소를 나누고 헤어졌다.

다음번에 그 친구들과 다시 만나게 되어 식사를 한 후 그곳을 재방문하게 됐는데, 그날도 논 알코올 칵테일 네 잔을 주문하고 앉아서 이야기를 나눴다. 그런데 잠시 후 신청도 하지 않았는데 우리가 일전에 신청한 그 곡들이 흘러나오는 게 아닌가.

'저걸 어떻게 알고 튼 거지?'

나는 신기했다. 우연인가 싶어 기다려보니 정확하게 우리가 신청한 노래 네 곡이 쭉 흘러나오고 있었다.

나중에 알고 보니 그곳은 방문한 사람들이 신청한 곡을 잊지 않고 저장해 두었다가, 손님이 재방문을 하게 될 경우 알아서 틀어주는 서비스를 해주고 있었다. 손님들의 이름을 모를 경우 특징을 파악해 폴더명을 정하고, 손님이 다시 오면 기억해 두었다가 틀어주는 식이었다.

아마 우리 폴더의 이름은 '논 알코올 칵테일 4잔'이 아니었을까 싶다. 아무튼 우린 모두 "오오!" 하며 놀랐고, 그들의 깨알 같은 서비스에 감동을 받았다. 이후로 단골이 되었음은 물론이다.

한 번 온 손님에게 이처럼 최선을 다해 만족을 선사하는 것은 사업에 있어서 얼마나 중요한 일인가? '1+α', 재방문과 지인 소개까지 유도할 수 있으니, 이 부분에 모든 노력을 집중하는 것은 어쩌면 당연한 일일지 모른다.


보통 '내부광고'라고 하면 거창한 무엇을 생각한다. '광고'라는 말 자체가 주는 묵직한 이미지 때문일까. 그러나 내부광고는 그리 복잡한 개념이 아니다. 손님을 끌어들이기 위한 1차 마케팅 후에 실제 유입된 고객을 만나는 시점부터 그들을 돌려보내기까지, 모든 일련의 2차 마케팅 과정을 의미한다.

제품과 서비스에 대해 더욱 만족을 느끼도록 하는 것, 불편 없이 시원스럽게 구매를 결정할 수 있게 도와주는 것, 다음번에 또 찾아오고 싶게끔 만드는 것, 나아가 우리의 팬이 되도록 만드는 것이 바로 내부광고의 힘이다.

'내부광고'라는 말 자체는 다소 생소할지 모르나 이렇게 생각하면 좀 쉽지 않을까?

'내부광고＝이미 방문한 고객들에게 최고의 만족을 선사하는 것.'

그러려면 업종에 맞춰, 잠재고객의 특성에 맞춰, 그들이 우리의 무엇에 끌려 여기까지 오게 되었는지를 철저하게 파악하고 준비해야만 한다. 식당에 와서 음식을 먹으면서도 '내가 정말 좋은 걸 먹고 있구나.' 하고 느끼게 하는 것. 그것도 내부광고다.

속이 편한 음식을 찾다가 콩비지찌개를 먹으려고 왔는데 벽면에 우리 가게가 사용하는 콩비지의 특별함과 콩비지의 효능들에 대해 안내되어 있는 것을 본다면 어떨까? 그냥 설렁탕 한 그릇 먹으러 왔을 뿐인데 50년 동안 대대손손 물려받은 가마솥 앞에서 찍은 주인장들의 흑백 사진과 특별한 사골국물의 비법이 적힌 글을 보게 된다면? 나는 그저 9,000원을 투자했을 뿐인데 오랜 역사를 지닌 귀한 것을 먹는다는 느낌이 들지 않을까.

옆에 보니, 아버지가 늘 해오던 전통대로 매월 둘째 주 화요일 점심은 60세 어르신들에게 무료식사를 제공한다는 배너가 보인다. 맛도 좋은데, 선함도 느껴지는 가게다. 반찬을 재활용한다거나, 이상한 재료로 음식을 만드는 건 아닐까 하는 의심은 눈에 보이는 몇 가지 내부광고 콘텐츠들로 인해 저절로 사라진다. 굳이 '우리는 재활용을 하지 않습니다.' '국내산을 씁니다.'와 같은 직접적인 어필 문구를 쓰지 않아도 더 강력한 신뢰도를 확보한 셈이다. 몸에 좋은 음식이 먹고 싶을 때 분명 이 집은 늘 최상위 후보지에 끼이게 된다. 이런 게 바로 내부광고다.

〈그림 1〉 음식점 내부광고 예시 (네이버블로그 발췌)

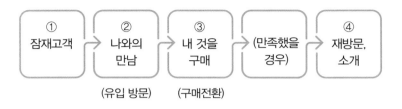

① 잠재고객 → ② 나와의 만남 → ③ 내 것을 구매 → (만족했을 경우) → ④ 재방문, 소개

(유입 방문)　(구매전환)

대부분의 사람들이 ①에서 ② 단계로 넘어갈 때(유입 단계) 엄청난 비용을 투자한다. 그러나 ②에서 ③ 단계로 넘어갈 때(구매전환 단계) 얼마나 많은 로스가 발생하는지 알고 있는가?

비싼 돈 들여서 겨우 데려온 손님들이 저 단계에서 줄줄 새어나가는데도 이 부분에 대해 생각조차 하지 않는 업주들이 너무나 많다.

"오늘 전화 몇 통 왔어?"

"오늘 홀에 손님 몇 명이나 왔어?"

"오늘 물건 몇 개나 나갔어?"

이런 식으로 그저 단순결과만 체크하는 경우가 대부분이다(이거라도 하면 그나마 다행이다). 사업이 이미 너무 잘되고 있다면 모르겠지만, 매출이 썩 맘에 들지 않는다면 이 단계를 반드시 재검토해야 한다.

그렇다면 내부광고, 무엇이 핵심일까?

# 02

## '당신을 만난 건 내 인생에서
## 가장 잘한 선택이야!'

다소 오그라드는 제목일 수 있지만 지금부터 사업을 하는 당신이 가장 많이 들어야 할 말이다. 내부광고란 바로 이런 것이다.

'당신이 여기 온 게 얼마나 잘한 일인지 느끼게 해주는 것!'

많은 업주들이 손님들을 끌기 위해 노력한다. 그러나 손님이 와도 안 와도 고민은 항상 있기 마련이다.

'손님이 우르르 오긴 왔는데 왜 다들 돌아가면서는 불만족스러운 표정들을 짓지?'

'온라인상에서 우리 사이트에 유입된 사람은 오늘 하루만 해도 1,000명이나 되는데 왜 정작 구매자는 10명도 안 되는 걸까?'

이런 고민이 든다면 반드시 문제점을 세세히 따져봐야 한다. 혹시 직원이 불친절하지는 않은지, 음식 맛이 이상한 건 아닌지, 물건에 문제가 있는 건 아닌지, 배송에 문제는 없는지, 홈페이지가 구매로 이어지기에 불편하게 설계된 건 아닌지…… 대체 무엇이 문제인지 말이다. 대부분의 사장들은 회사의 외적 이미지나 외부와 관련된 마케팅에는 신경을 쓰고 잘 챙기지만 의외로 내부 직원들이 고객을 대하는 부분에 대해서는 어두운 경우가 많다. 사실 이 책을 쓰고 있는 나 역시도 종종 내부의 구멍을 느끼곤 한다. 바쁜 일정에 쫓기다 보니 막연히 '괜찮겠지.' 생각하고는 특별히 신경을 쓰지 못하기 때문이다. 그러나 고객을 직접 만나는 접점에 있는 직원들의 표정과 목소리, 어조는 일부러 시간을 내어서라도 각별하게 관리를 해야 하는 영역이다. 앞에서도 설명했듯 이 접점에서 생기는 로스는 치명적이다.

심리학을 전공하고 광고전문가로 활동하다 커뮤니케이션 전문가가 된 정성희 저자는 그의 책 〈무의식 마케팅〉에서 '무의식'이란 소리 없이 사람의 마음을 움직이는 힘이라고 표현했다. 우리가 어떤 의사결정을 할 때 거기에 관여하는 95%가 바로 무의식이라는 말이다. 무의식은 보이지도 만져지지도 않지만 우리 자신도 모르게 생각 속에서 우리를 지배한다. 내부광고는 바로 이러한 무의식을 통한 마케팅 효과를 극대화시킬 수 있는 최적의 기회를 제공한다.

당신은 우리 가게를, 우리 홈페이지를 방문한 모든 고객들에게 어떤 이미지로 각인되고 싶은가?

떠들썩한 이벤트부터 준비할 게 아니라 우선 고객에게 심어주고 싶은 우리 회사의 이미지를 구체적으로 그려보자. 그런 다음, 고객이 그 이미지를 느낄 수 있도록 오프라인매장과 홈페이지를 꾸미고 곳곳에 그런 요소들을 세팅하기만 하면 된다.

방문한 손님을 만족시킬 만한 내부광고는 하나도 제대로 해놓지 않고, "내가 1차 마케팅에 돈을 얼마나 쏟아부었는데, 매출이 왜 이 모양이야!" 하고 한탄만 해서 되겠는가.

그래도 내부광고가 어렵게 느껴진다면, 이해를 돕기 위해 쉬운 예로 '온천'을 한번 떠올려 보자.

우리나라 사람들은 유난히 온천을 좋아한다. 좋은 온천을 찾아서라면 국내뿐 아니라 멀리 해외에 있는 유명 온천지까지 찾아가기도 하기에 온천 관련 여행 상품도 많이 나와 있다. 나는 온천을 잘 모르지만 여행으로 해외나 국내에서 몇 군데 다녀본 기억을 더듬어볼 때, 온천 주변의 독특한 환경이 온천의 특성과 잘 어우러져 드러날 때 확실히 오래 기억에 남는 것 같다.

예를 들면 알칼리 온천, 탄산 온천, 유황 온천 등 그런 곳은 들어가면 왜 자기네 온천이 특별한지를 참 잘 설명해 놓는 편이다. 탕에 들어가면 이런 문구가 적힌 걸 볼 수 있다.

> "물을 한번 만져보세요. 미끌거림이 많이 느껴지시나요? 저희 ○○온천은 ㅁㅁ로 인해 만들어진 천연 알칼리 온천수이기에 그렇습니다. 천연 알칼리 온천수는 △△△에 대한 탁월한 효능으로 유명하오니 가급적 물기를 수건으로 닦지 마시고 자연스럽게 마르도록 두시는 게 좋습니다."

이 온천에 오기 위해 꽤 먼 거리를 달려온 사람, 온천수를 너무 좋아하는 온천마니아, 목욕탕 대신에 처음으로 온천이라는 곳을 방문해본 사람 등 여러 종류의 방문자들이 있겠지만 대부분 탕에 들어가 앞에 적힌 그 문구를 보면 '아, 내가 정말 좋은 물을 잘 찾아왔구나!' 하는 만족감을 느끼게 된다. 게다가 실제로 미끌 거리는 물의 감촉이 느껴질 때면 무의식으로 '여기까지 찾아온 나의 노력이 헛되지 않았구나.' 안도감마저 들 것이다.

이런 예도 한번 보자. 이빨 치료를 위해 치과를 방문했다고 해 보자. 간단한 접수를 마치고 앉은 대기석 앞에는 원내 홍보 TV 영상이 돌아가고 있다. 당연히 방송에 나온 원장님 인터뷰가 나 오거나, 병원 이벤트 등 홍보 내용이 나오겠거니 했는데 전혀 그 런 내용이 아니다.

겨울철에 온 직원이 땀을 뻘뻘 흘리며 연탄봉사 활동하는 모 습, 해외워크숍에서 직원들이 하하호호 행복해하며 어울리는 모 습, 매월 이달의 고객감동상, 친절상 등으로 직원들을 포상하는 시상식 장면이 돌아가면서 나온다.

말미에 나오는 '직원이 먼저 행복해야 고객에게 감동을 줄 수 있습니다.'라는 카피는 꽤나 인상적이다. 그 영상을 보면서 환자 들은 어떤 생각을 할까? 별 생각 없이 보는 것 같지만 무의식적 으로 저렇게 사회적 약자들을 위해 봉사하고, 고객의 감동을 위 해 노력하는 병원이 최소한 '내 이빨 가지고 뉴스에서 보는 그런 이상한 짓들은 안 하겠지?'라고 생각하지 않을까?

언젠가 첫째 애가 다섯 살쯤일 때 아이와 함께 동네에 있는 등촌칼국수 집을 방문한 적이 있다. 얼큰한 칼국수 육수에 소고기 샤브샤브를 찍어서 먹고, 마지막에 밥까지 볶아 먹으면 얼마나 맛있는지 한 번이라도 먹어본 사람이라면 다 안다. 그런데 이 등촌칼국수는 맵고 뜨겁기 때문에 어린아이는 칼국수를 물로 헹궈 먹거나 맨밥이랑 반찬을 먹어야 한다.

그래서 평소에는 먹고 싶어도 참을 때가 많았는데, 그날은 도저히 유혹을 못 이기고는 그 집을 방문하게 되었다. 아이는 따로 김밥을 사서 주는 한이 있더라도 일단 오늘은 먹고 보자, 하면서.

그날 우리가 간 곳은 동네 아파트 단지에 새로 생긴 유명 프랜차이즈의 한 지점이었다. 그런데 들어가며 메뉴판을 보니 그 가게에는 다른 지점과는 다른 독특한 메뉴가 하나 더 있었다. 바로 '1,000원짜리 어린이 비빔밥'이라는 메뉴였다.

"아이들은 이거 시키면 다들 좋아해요."

직원분이 친절하게 안내를 해주었다. 가격이 너무 싸서 허접한 비빔밥이 나올 거라 생각했는데, 아이의 양에 맞게 소량이었지만 정말 신선한 재료가 듬뿍 담긴 밥이 나왔고, 직원은 우리 눈앞에서 그걸 비닐장갑을 끼고 바로 비벼주었다. 덕분에 아이는 아이에게 적절한 메뉴를 먹고, 우리들은 평소 먹고 싶었던 매운

칼국수를 마음껏 먹을 수 있었다.

얼마 후 지나가면서 보니 그 가게는 늘 아이들을 안고 있는 부모들로 웨이팅이 걸리는 대박 맛집이 되어 있었다.

이것도 하나의 내부광고다. 자신의 가게를 자주 찾을 손님의 성향을 미리 분석하여, 그들에게 맞는 특별한 메뉴를 구상하고 만족도를 높일 수 있게 노력했다. 그 결과 재방문율은 당연히 높아졌고, 자연스럽게 입소문을 타면서 매출이 크게 늘게 되었다.

내부광고를 통해 유입된 고객들의 무의식 속에 '당신을 만난 건 행운이다, 내가 정말 잘 찾아왔구나!' 하는 인식을 심어주어라. 한 번 온 고객을 놓치지 않는 건 오롯이 당신 몫이다. 유입량만 많으면 매출은 다 해결된다는 생각으로 신규고객 유치에만 집중하고 지금 당신을 방문한 고객에게 신경 쓰지 않는다면, 설사 유입량이 많아 망하진 않는다 하더라도 흥하긴 힘들다. 그리고 그런 식의 운영은 결국 오래가지 못한다. 내 경험상 그렇다.

그러면 내부광고는 어디서부터 시작해야 할까?

우선 고객의 동선을 파악해 보고 고객의 시선이 오래 머물 만한 곳들부터 세팅해 나가야 한다. 오프라인 매장이라면 고객의 입장이 되어 매장 내부를 둘러보고 시선이 오래 머무르는 곳을 먼저 찾아보자. 음식점이라면 테이블 위가 될 것이고, 병원이라면 접수 후 앉는 대기의자에서 바라보는 벽면이 될 수도 있다. 그런 곳을 우선 공략해야 한다. 병원의 대기석이 혹시나 데스크 쪽을 바라보는 위치라면 데스크에 앉아 있는 직원의 표정과 행동 하나하나가 무의식중에 환자의 선택을 결정짓는다고 봐야 한다.

온라인쇼핑몰이나 홈페이지라면 가장 기본이 되는 메인 화면, 그중에서도 상단 부분을 가장 많이 신경 써야 한다. 그리고 온라인의 경우는 고객들의 구매결정, 결제, 이탈 등의 행동패턴이 상당히 빠르므로 특히 그 과정에서 불편이 생기지 않도록 훨씬 디테일하게 체크하고 잘 관리해야 한다.

다시 말하지만 제대로 된 매출은 지금부터임을 잊지 말자. 음식점에서 주문을 기다리다 테이블 위에 끼인 때를 본 손님은 다시 찾아오지 않는다.

병원에서 데스크 직원이 전화 상담을 끝낸 후 손님에 대해 이러쿵저러쿵 뒷담을 나누는 모습을 보였다면 대기하던 손님들은 '나도 저렇게 대하겠구나.' 하고 돌아가 다시는 오지 않게 된다.

또 물건을 실컷 골라놓고 결제에러가 자꾸 나서 다시 처음부터 모든 기입을 계속 반복해야 하는 사이트는 가격과 상관없이 짜증나고 불편해서라도 다시 찾지 않는다.

그리고 내가 사고 싶은 물건을 도대체 어느 카테고리에서 찾아야 하는지 헤매도록 해놓은 쇼핑몰은 고객 중심으로 편리하게 설계된 다양한 쇼핑몰들이 줄을 섰기 때문에 조금 돌다 마우스 한 번의 클릭으로 바로 아웃이다. 이 모든 문제들이 귀하게 모셔 온 손님을 허망하게 나가도록 만든다.

당신은 어떤 세팅을 할 것인가?

# 03

## 내부광고에 신경 쓰면
## 실제 서비스도 좋아진다

앞에서 내부광고의 중요성에 대해서 계속 설명했다. 힘들게 유입한 홈페이지의 방문자들, 어렵게 모셔온 고객들을 허망하게 보내서는 절대 안 된다는 것. 그들에게 최대한의 만족감을 선사하고, 조금이라도 더 쉽게 구매결정을 할 수 있도록 온·오프라인의 세팅을 완벽하게 하는 것은 매출을 결정하는 정말 중요한 요소다.

한 번 온 손님이 재방문을 하고 그들이 주변에 입소문을 내는 일은, 당신이 최선을 다해 내부광고를 준비한다면 거저 주어지는 선물 같은 것이다. 더불어 내부광고를 준비하는 과정에서 주어지는 또 하나의 선물이 있다.

사실 내부광고의 중요성을 깨닫고 실제로 내 사업장에 적용해 보려고 하면 생각보다 쉽지 않다는 걸 느끼게 된다. 고객들의 사소한 동선까지 일일이 체크해 구매율을 최적화시키는 작업이 그렇게 간단할 리 있겠는가.

"여기에 오길 정말 잘했다!"고 느낄 만한 요소들을 적절히 배치한다는 건 생각보다 쉽지 않은 작업이다. 여러 다양한 고객들로 깊이 감정이입을 해야 하고, 그들이 지갑을 열기 전 고민하는 모든 과정을 디테일하게 분석해야 한다. 온라인의 경우, 구매결정을 한 후 결제 과정에서도 충분히 이탈을 할 수 있다. 따라서 최종 결제완료창이 뜰 때까지 매끄럽게 진행할 수 있도록 세심하게 신경을 써야 한다.

이 모든 과정을 하나하나 채워 나가는 건 너무나 어려운 일이지만, 이렇게 어려운 숙제를 잘 풀어낼수록 의도치 않게 좋아지는 게 있다. 바로 실제 상품과 서비스다. 무슨 말일까?

내부광고에 신경을 쓰기 시작하면서 클라이언트들이 가장 많이 하는 표현이 있다.

"우리 상품에 이렇게 부족한 점이 많은 줄 몰랐어요."

내가 팔고 있는 상품이 다른 곳에 비해 얼마나 훌륭한지, 얼마나 장점이 많은지를 구체적으로 표현해 나가다 보면 의외로 상품의 부족한 점을 더 많이 발견하게 된다. 우리 제품의 차별점을 강조하기 위해 다른 제품들을 평소보다 훨씬 자세히 살피게 되고, 그러다 보면 "얘네도 생각보다는 훌륭한 점이 많구나." 하고 느끼게 된다. 내가 노력하는 시간에 그들 또한 노력하고 있는 것이다.

몇 달 전에 형편없다 여겼던 경쟁 제품이 최근 몇 달간 엄청나게 성장한 걸 보며 자극을 받기도 한다. 또 분명 우리 제품이 확실한 차별성을 지녔다고 생각해 왔는데 막상 정리를 하려고 보니 의외로 특별함이 별로 안 느껴지기도 한다. 그러면서 더욱 진지하게 차별점을 찾게 되고, 그런 고민을 거치면서 내 상품과 서비스는 자연스럽게 한 단계 진일보하게 된다. 내부광고에 써 붙일 차별점과 강점을 찾다 보니, 진짜 차별성과 강점을 가지게 되는 셈이다.

남을 가르치다 보면 오히려 자기가 더 똑똑해진다는 말이 있다. 이 말은 내가 고등학교에서 수년간 학생들에게 사회 과목을 가르치며 절실히 느낀 것이기도 하다.

대학에서 전공서적에 밑줄까지 쳐가며 마스터했던 이론이라도 아이들을 위한 교육 자료로 쓰려면 늘 다시 더 깊이 공부를 해야만 했다. 아이들이 질문할 수도 있는 내용들은 미리 조사하고 그에 대한 답까지 확실히 준비해야만 수업에 막힘이 없었다. 교과서의 범주를 벗어나는 다양한 예상 질문도 최대한 미리 준비했다.

그러다 보니 제일 실력이 느는 건 학생들이 아니라 나였다. 단순히 머리로만 알던 내용을, 조금이라도 아이들에게 알기 쉽게 전달하고자 관련된 배경 스토리나 재미난 자료들까지 훨씬 깊게 공부한 까닭이었다. 아이들을 더 잘 가르치기 위해 공부했을 뿐인데 결과적으로 내가 알던 이론은 훨씬 단단해지고 깊어졌다.

내부광고도 이와 비슷하다. 방문한 사람들을 만족시키기 위해 노력했는데, 오히려 내가 파는 상품이 더욱 좋아지고 내 서비스가 더 좋아지는 결과가 나타난다.

대부분의 사장님들이 팔고자 하는 상품이 어느 정도 구축이 되면 그때부터 상품 자체에는 집중하지 않는다. 이제는 마케팅에만 신경 쓰면 된다고 생각하는 경우가 대부분이다. 그러나 상품과 서비스의 질은 마케팅과 함께 끊임없이 업그레이드시켜 나가야 하는 부분이다. 음식점이라면 맛집 홍보방법만 연구할 게 아니라 음식의 맛과 질도 놓치지 않고 체크하면서 혹시 부족함이 없는지 꾸준히 살펴야 한다. 또 다른 가게들을 참조하며 내게 적용해 볼 만한 게 없는지, 좀 더 나은 방향은 없는지 연구해야 한다.

내부광고는 바로 이 역할을 담당한다. 즉, 마케팅에 집중하느라 자칫 소홀해질 수 있는 상품과 서비스 자체에 대한 노력, 바로 그 부분을 알아서 채워주어야 한다.

참고로 내부광고 세팅을 할 때 '설득판매'라는 것을 알면 참 좋다. 넓은 의미에서 고객들의 지갑을 더욱 열게 하는 모든 것을 내부광고라고 한다면, 고객을 응대하는 직원들의 멘트까지도 그 범주에 포함된다. '설득판매'의 대표적인 예로 가장 잘 알려진 것은 맥도날드 매출의 20%를 차지한다는 유명한 질문이다. 바로,

"감자튀김도 함께 주문하시겠습니까?"

하는 질문. 아마 한 번쯤은 들어보았을 질문이다. 어떤 물건을 구매하는 고객에게 "이것도 같이 주문하시겠어요?"라고 관련 상

품의 구매의사를 묻는 것만으로도 매출은 훨씬 올라갈 수 있다. 최근에는 이런 식의 설득판매조차도 점점 빅데이터의 힘을 빌려 디테일해지고 있다.

온라인의 메이저급 쇼핑몰들은 A상품을 구매하면 결제 단계에서 A상품을 구매한 사람이 함께 산 다른 물건들을 쭈루룩 함께 보여준다. 그러면 이상하게도 그중에 꼭 내게 필요한 물건이 눈에 띈다. 그래서 덩달아 장바구니에 넣게 되고 예정에 없던 추가 지출이 일어난다. 이런 경우는 상당히 많다.

내부광고를 디테일하게 세팅하면 할수록 평균 결제액이 높아지게 되고, 더 많은 손님들이 재방문을 하게 된다. 충성심 높은 고객으로 변하게 되는 셈이다.

위 사례들을 참조하여 앞으로 당신의 사업에 어떻게 적용하면 좋을지 깊이 고민해 보자. 확신하건대, 그 과정에서 반드시 상품과 서비스의 질이 높아지는 경험을 할 수 있다. 고객과 함께 내가 파는 물건과 서비스의 질까지 선물로 얻을 수 있다면, 노력을 쏟지 않을 이유가 없지 않겠는가.

# 04

## 신규고객보다<br>기존관리에 더욱 신경 써라

영업에 조금이라도 관심을 가진 적이 있다면 누구나 한번쯤은 조 지라드(Joe Girard)라는 이름을 들어보았으리라고 생각한다. 그는 15년간 13,001대의 차를 팔아 12년 연속 세계 기네스북에 오르는 전무후무한 기록을 세웠으며, 혼자서 북미대륙의 대리점 전체 판매량의 95% 이상을 독차지했다. 더 놀라운 것은 기업이 아니라 개인을 상대로 판매해 달성한 기록이라는 사실이다. 그는 세일즈맨으로는 처음으로 자동차왕 헨리 포드와 나란히 미국 '자동차 명예의 전당'에 오르기도 했다.

조 지라드는 늘 성실사원, 친절사원의 목록에 올랐다. 그가 세일즈에서 첫 번째로 세운 기준은 '한 명의 고객을 250명처럼 대하라.'는 것이었다. 이것이 바로 그 유명한 '조 지라드 250의 법칙'이다.

그는 결혼식과 장례식을 다니며 방문객수를 자주 세어보았는데, 대충 250명 정도의 평균값이 나온다는 사실을 발견했다. 한 사람이 미칠 수 있는 인간관계의 범위가 대체로 250명이란 것을 알게 된 셈이다. 그래서 그는 한 명의 고객에게 신뢰를 얻으면 250명의 잠재고객을 덤으로 얻는다는 생각으로 한 명 한 명을 소중히 대했고, 실제 그 노력은 엄청난 결실로 이어졌다.

그러나 그런 결과를 가져다준 것은 단순히 친절하고 성실한 그의 태도 때문만은 아니었다. 사실 친절하고 성실한 영업사원들은 조 지라드 말고도 너무 많았으니까.

그렇다면 그만의 독특한 성공비결은 무엇이었을까?

가장 큰 특징은 그가 끊임없이 고객과 연락했다는 점이다. 그는 사적인 안부편지를 그 많은 고객들에게 수시로 보냈다. 매월 편지의 크기와 색깔도 다양하게 바꿔 그의 편지가 스팸성으로 느껴지지 않게끔 노력했다. 손편지로 꾸준히 전달된 그의 노력은 언젠가 새 차가 필요해질 고객들에게 당연히 그의 이름이 제일 먼저 떠오르게 하는 데 지대한 영향을 주었다.

그렇게 10년 정도 세월이 흐르자 판매량의 3분의 2가 모두 기존고객들이었고, 심지어 그에게서 차를 사려면 미리 약속을 잡고 기다려야만 하는 지경에 이르렀다.

조 지라드의 전설적인 업적은 결국 기존고객들을 소중히 여기고 잘 관리하는 데 뿌리를 두고 있었다. 그는 자신에게서 차를 구매한 이들에게 무의식중에 '내가 그래도 좋은 사람한테 차를 잘 산 것 같아.'라는 만족감을 계속해서 선사했다. 조 지라드의 고객들은 이렇게 만족감을 느끼다 보니 신차를 구매할 때뿐 아니라 주변 사람들이 차를 구매할 때에도 자연스럽게 그를 소개해 주었다.

조 지라드가 말한 250의 법칙을 생각한다면, 못해도 지인 5~6명은 소개를 해주었을 테니 얼마나 많은 이들이 거미줄처럼 그에게로 연결되었을 것인가?

온라인 중심의 사회가 되었으니 이런 감성적이고 아날로그적인 노력들이 이젠 별 효력이 없다고 느낄 수도 있다. 클릭 몇 번으로 너무 쉽게 유입과 이탈이 결정되는 곳이 온라인이기 때문이다. 그러나 절대 불변하는 사실은 '판매'는 곧 '고객을 상대하는 일'이란 사실이다. 따라서 온라인이든 오프라인이든 방법에만 차이가 있을 뿐, 마음과 정성을 다해 고객의 마음을 파악하고 그들과 연결되기 위해 노력해야 한다는 사실에는 변화가 없다.

나의 지인이자 마케팅 분야의 베스트셀러 작가인 임헌수 소장은 온라인상으로 고객관리를 잘하기로 유명하다. 그는 카카오스토리, 인스타그램, 페이스북, 스마트스토어 등 새로운 플랫폼이 나올 때마다 그 플랫폼을 활용한 마케팅 방법을 정리해 책으로 출간한다. 핵심적인 내용을 쉽게 잘 풀어내어 출간이 될 때마다 베스트셀러에 오르고 시간이 흐른 지금도 스테디셀러로 분야에서는 꾸준히 상위를 차지하고 있다. 수년째 마케팅교육도 진행하고 있는데, 그와 인연을 맺은 이들은 하나의 단톡그룹에 묶이게 되고, 그 단톡에는 매일매일 오늘자 마케팅 최신뉴스가 올라온다. 무분별하게 쏟아지는 정보의 홍수 속에서 정말 중요한 뉴스들만 잘 엄선해서 전해주기에 나도 매일 감사히 정보를 받아보는 중이다.

교육을 통해 인연을 맺은 사람들에게는 교육이 끝난 후에도 꾸준히 그들과 교류하며, 자신이 줄 수 있는 최신의 정보와 지식을 전해주기 위해 최선을 다한다. 그 모습을 볼 때마다 '온라인계의 조 지라드 같구나.' 하고 느끼곤 한다.

많은 업주들이 신규고객을 갈망한다. 맞다. 신규고객이 많이 와야 매출이 팍팍 늘어난다. 그러나 나와 이미 관계를 맺고 지갑을 연 이들을 탄탄하게 챙기는 것은 더욱 중요하다.

기존고객들을 잘 챙기지 못하면 신규고객이 와도 매출이 늘 수 없다. 들어온 만큼 나가 버리면 결국 제자리걸음일 뿐이니까. 가장 강력한 마케팅은 '만족한 고객'이란 말도 있지 않은가? 기존고객을 만족시키면 그들이 알아서 주변 지인들에게 추천하며 영업사원 노릇을 톡톡히 해준다. 이는 돈 한 푼 들이지 않는 입소문 마케팅이다.

따라서 반드시 신규고객을 모객하는 것과 함께 기존고객 관리에도 충분한 에너지를 분배하라. 이 장은 다른 그 누구도 아닌 바로 회사의 주인이자 판매인이자 관리인인 당신이 가장 잘 해내야 하는 부분이다. 알고도 실천하지 않으면 아무 소용이 없다.

오늘 당장 기존고객 리스트를 펼쳐놓고 그간 소홀했던 점은 없었는지 체크해 보고, 우리의 홈페이지에 접속해 보자. 그리고 직접 고객이 되어 하나씩 클릭해 보자. 사무실에도 전화를 걸어 고객을 응대하는 직원들의 목소리 톤을 체크하고 친절도도 확인하라.

또 1인 기업이라면 자신이 고객과 상담한 통화내역도 한번 들어보라. 나에게는 문제가 없는지부터 체크하는 건 필수 중의 필수다.

물을 붓기 전에 깨져 있는 독부터 얼른 보수하자. 말 떨어지기가 무섭게 컴퓨터를 켰다면 자질이 보인다! 멋진 사장이 될 자질 말이다.

part

# 4

'어떤 게 좋은 글인가'
'어떤 기준으로 콘텐츠를 배열할 것인가'

# 상위노출에는
# 기본 원리가 있다

# 01

## '상위노출', '상위노출'한다,
## 상위노출이 뭔지도 모르면서

소비자가 지갑을 꺼내드는 그 순간에도 마케팅은 계속되어야 한다.

−리처드 러머, 마크 시몬스 〈펑크 마케팅〉 중에서


요즘 온라인마케팅이 뭐냐고 물어보면 좀 뜬금없지만 가장 많이 돌아오는 답이 "네이버 상위노출하는 거요."다.

오늘날 네이버의 영향력을 생각해 보면 뭐 완전한 오답도 아니다. 대한민국 국민의 70%가 PC에서 네이버를 열어놓고 있다고 하니 네이버는 정말 국민 포털이자 국민 검색엔진이 된 게 확실하다. 한 의사는 네이버 지식인에 달린 말도 안 되는 엉터리 답들 때문에 환자들이 의사인 자기 말을 오히려 더 의심한다며 안타까워했다. 사람들이 얼마나 네이버에 의존하여 정보를 습득해 가고 있는지를 엿볼 수 있는 대목이다.

비슷한 맥락에서 몇 해 전 유명 파워블로거가 2억여 원의 수수료를 받고 문제가 있는 제품의 공동구매를 진행한 것도 네이버의 영향력을 엿볼 수 있는 하나의 사례이다. 파워블로거가 글을 쓰면 메인에서 상위노출이 잘 되는데 그의 구독자들과 상위노출의 힘이 어우러져 그런 퍼포먼스를 낸 것이다. 워낙 강력한 영향력을 가진 그들이었기에 종종 파워블로거와 관련된 비슷한 이슈들이 있었고, 몇 번의 자정적인 선도를 요구해도 계속 같은 문제들이 제기되자 결국 네이버는 매년 진행하던 파워블로거 선정제도 자체를 없애버렸다.

뉴스 > 기업 > 모바일/통신

## 파워블로거가 공동구매 수수료 2억원 챙겨

기사입력 : 2011-07-01 20:35

**'포털업체 관리 소홀' 비난 거세**

인터넷 포털업체 네이버의 한 파워 블로거가 안전성 논란이 있는 상품을 공동구매하고 이 과정에서 거액의 수수료를 받은 것으로 알려져 논란이 일고 있다.

1일 관련업계에 따르면 네이버 파워 블로거로 회원이 130만명에 이르는 H씨(닉네임 베비로즈)는 지난해 하반기부터 수차례에 걸쳐 자신의 블로그에서 채소와 과일에서 농약 등의 성분을 제거해주는 다기능 살균 세척기의 공동구매를 진행했다.

공동구매는 다수 소비자가 제품을 구입하면 가격을 시중보다 저렴하게 살 수 있는 방식으로 이 제품의 경우 시중에서 판매되는 같은 회사의 비슷한 모델보다 싼 제품당 36만원에 모두 3000여대가 판매됐다.

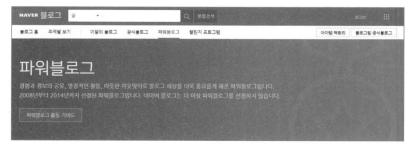

〈그림 1〉 한 유명 파워블로거가 고액의 수수료를 받고 살균세척기 공동구매를 진행하였으나 제품상의 문제로 사회적 이슈가 되었던 사건.

〈그림 2〉 이제 네이버는 파워블로거를 선정하지 않는다.

위의 사례에서 보듯 네이버에서 강한 영향력을 갖거나 상위 노출을 잘할 수 있게 되면 그만큼 막강한 마케팅 효과를 낼 수 있다. 수많은 마케팅 업체에서 매일 상위노출, 상위노출하는 이유도 그 정도로 상위노출이 매출에 있어 엄청난 역할을 하기 때문이다.

그러나 내가 설명하려는 상위노출은 꼭 네이버에서 어떤 키워드를 검색했을 때 상단에 곧바로 뜨는 그것만을 의미하는 게 아니다. 어떤 플랫폼이든(유튜브, 다음 등) 또 어떤 매체든 그것을 이용하는 사람들이 있기 마련이고, 그 공간에서 상위노출이 되면 그에 맞는 효과를 낼 수 있다.

각 플랫폼은 모두 상위노출되는 알고리즘이 제각각 다르다. 네이버 블로그 섹션에서는 블로그의 지수, 글의 콘텐츠 지수, 반응도, 작성 시기 등이 복합적으로 고려되어 순위가 반영된다. 한마디로 매우 어렵다는 뜻이다. 심지어 그 알고리즘은 계속해서 바뀌기까지 한다.

그런데 특정한 카페 내에서의 알고리즘은 어떤가? 그냥 시간순이다. 즉, 내가 계속해서 열심히 쓰기만 하면 저절로 노출이 되게 되어 있다.

〈그림 3〉 네이버 메인의 블로그 섹션에서는 다양한 요소에 의해 글 순위가 결정된다.

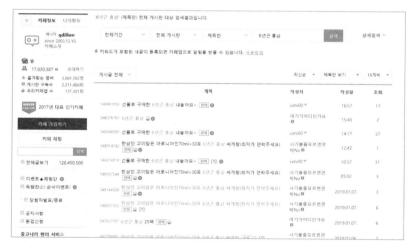

〈그림 4〉 중고나라에서 6년근 홍삼을 검색하면 위와 같이 시간 순으로 글이 정렬된다.

그리고 뽐뿌, SLR클럽, MLBpark, 디씨인사이드 등 사람들이 모여 있는 독자적인 온라인 커뮤니티도 찾아보면 너무나 많다. 검색엔진을 제외한 대부분의 일반적인 사이트들은 시간 순으로 정렬되기 때문에 조금만 시간을 들이면 누구나 상위노출을 할 수 있다. 이러한 세밀한 노력이 많이 이루어질수록 매출은 높아진다.

우리의 잠재고객들은 온라인상에서 '키워드'를 통해 자신이 원하는 것을 찾는다. '렌터카' '탈모샴푸' '다이어트' '캠핑용품' 등 등으로 말이다. 따라서 우리는 잠재고객들이 검색할 만한 키워드에 내가 팔고자 하는 정보를 노출시켜야 그들과 만날 수 있다. 그것이 바로 상위노출이고 오늘날 온라인마케팅의 가장 중요한 요소가 된 것이 사실이다.

이번 장에서는 거기에 대해 이야기를 좀 해볼까 한다.

# 02

## 키워드의
## 개념부터 이해하자

'상위노출' 이전에 알아야 하는 게 있다. 바로 '키워드'다. 무언가를 검색했을 때 검색 결과로 나열된 수많은 문건들 중 상단부에 노출되는 것을 '상위노출'이라고 한다.

따라서 상위노출을 논하기 전에 우선 검색이 될 키워드를 먼저 정해야 한다. 그 키워드를 얼마나 적절하게, 적합하게 잘 고르느냐에 따라 온라인마케팅 성패의 반절이 결정된다.

앞부분에서 나는 "좋은 키워드를 찾기 위해서는 고객의 입장으로 깊이 몰입해야 한다."고 입이 닳도록 이야기했다. 상위노출이라는 마케팅 전략을 다루는 이 장에서 역시 '키워드'는 빠져선 안 될 중요한 부분이므로 다시 한 번 강조해 보려고 한다.

키워드란 쉽게 말해 사람들이 자신이 원하는 것을 찾기 위해 검색창에 치는 검색어를 의미한다. 예를 들면 이번 여름 비키니를 입기 위해 다이어트와 관련된 정보를 찾아보고 싶을 때, 우리는 검색창에다 [비만] [다이어트 식단] [연예인 다이어트] [단기간 다이어트] [먹고 빼는 법] [다이어트 한약] 등을 치게 된다. 이 모든 것을 키워드라고 한다.

나는 마케팅 강의를 할 때마다 키워드의 적합성을 최대한 높여야 한다고 많이 강조하는 편이다. 키워드의 적합성을 높이는 작업은, 내 상품이 해당되는 전체적인 키워드군에서 시작해 나에게 실질적인 매출을 올려줄 수 있는 키워드로 점점 범주를 좁혀가는 것을 말한다. 예를 들어 논현역에서 미용실을 운영하는 경우, '미용실'이라는 넓은 범주의 키워드에서 '논현동 미용실', '논현역 미용실' 같은 구체적인 키워드로 점점 범주를 좁혀가는 것이다. '미용실'이라는 키워드보다는 '논현역 미용실'이라는 키워드가 실제 방문 가능성이 훨씬 높고, '논현동 미용실'보다는 '논현역 미용실'이 조금 더 높다. 즉, 범주를 좁힐수록 실제 매출에 훨씬 적합한 키워드가 되는 셈이다.

실제로 미팅을 해보면, 사업주들이 "이런 거 어때요?" 하고 제안하는 키워드들은 상당수가 진짜 고객들이 찾는 키워드와는 차이가 큰 경우가 많다. 만약 그런 키워드들로 상위노출을 한다면, 들이는 광고비에 비해 제대로 된 효과를 보기는 힘들다. 이는 오랜 기간 여러 업체의 마케팅을 대행하면서 나 역시 뼈저리게 깨달은 바이기도 하다.

정말 나의 매출을 올려주는 실질적인 효자 키워드와 유입은 많지만 실상은 별 도움이 안 되는 키워드는 늘 따로 존재한다는 사실.

나의 경우, '온라인마케팅'이라는 단어가 참 특이했다. 월간 검색조회수도 매우 높고, 딱 들어봐도 우리 회사와 너무 직접적으로 연결될 것 같아서 한동안 그 단어에 집착했다. 모든 섹션에서 그 단어를 검색하면 우리 회사가 나올 수 있도록 말이다.

그런데 그렇게 많은 투자를 하며 그 키워드에 집중했는데도 내게 오는 메일은 대부분 광고문의가 아닌 다른 문의들이었다. 대학교의 광고홍보학과 학생이나 언론사 기자 등이 주로 온라인 마케팅의 현황에 대한 인터뷰를 요청하거나 논문 작성 중 궁금한 사항을 물어보는 등 나의 상업적 목표와는 전혀 상관없는 메일을 보내왔다.

그래서 결국 그 키워드는 포기하고 다른 키워드를 다시 찾았던 경험이 있는데, 이 일로 우리 회사에도 실질적인 도움을 주는 키워드는 따로 있다는 것을 알게 되었다(물론 이는 나에게만 국한된 경험일 수도 있음을 알아주기 바란다).

파워링크의 경우 간단한 클릭 몇 번으로 내가 원하는 키워드를 얼마든지 띄울 수 있기 때문에 예산만 충분하면 전혀 걱정할 것이 없다. 앞에서 설명했듯이 다량의 서브키워드를 찾아내고 메인키워드와 적절히 섞어 효율을 내면 그만이다.

그러나 블로그, 카페, 지식인 등의 섹션에서 내가 원하는 키워드로 상위노출을 하는 것은 그렇게 간단치가 않다. 다량의 콘텐츠를 뿌릴 수도 없고 상위노출도 파워링크처럼 돈만 들인다고 무조건 되는 게 아니다.

그래서 반드시 나만의 핵심 주요키워드들을 꼭 구별해서 갖고 있어야 한다. 자기의 블로그 지수를 높이든 대행사에 의뢰하든 네이버 파워콘텐츠를 등록하든 반드시 나의 '돈줄 키워드'만큼은 장악해야 하는 것이다.

아직도 '이게 무슨 말이지?' 하고 어리둥절해할지 모르는 사람들을 위해 핵심만 간단히 요약해 보겠다. 반드시 가지고 있어야 하는 핵심 키워드를 정할 때 다음 3가지를 꼭 고려하자.

　　첫째, 검색조회수
　　둘째, 키워드의 적합성
　　셋째, 노출가능성 여부

　당연히 검색조회수가 높은 키워드가 제일 좋다. 이는 곧 사람들이 많이 검색한다는 뜻이니 이런 키워드로 노출을 잡을 경우 그 많은 사람들에게 다 노출이 될 수 있다는 말이다.

　가장 쉬운 예로, 코엑스에서 음식점을 운영하는 사람이 있다고 하자. '코엑스맛집'이라고 쳤을 때 자신의 가게가 뜬다면 매출에 엄청난 도움이 되지 않겠는가? 현재 글을 쓰는 시점 기준으로 월간 조회수가 PC, 모바일을 합쳐 15만 정도나 되니 하루 평균 최소 5,000명에게는 노출이 되는 셈이다. 그것도 '코엑스맛집'을 찾기 위해 검색하는 타깃팅 고객으로만.

| 연관키워드 ⑦ | 월간검색수 ⑦ | |
|---|---|---|
| | PC | 모바일 |
| 코엑스맛집 | 16,600 | 136,900 |
| 코엑스주변맛집 | 160 | 1,080 |
| 코엑스맛집추천 | 10 | 70 |
| 코엑스횟집 | 50 | 120 |
| 코엑스스시 | 190 | 1,370 |

〈그림 1〉 코엑스맛집 관련 검색수 조회 화면

다음으로 '적합성'이라는 것은 내가 팔고자 하는 상품과 관련
도가 높은 키워드여야 한다는 뜻이다.

위의 예를 계속 이어가 보면, 코엑스에서 횟집을 운영할 경우
'코엑스횟집'은 '코엑스맛집'보다 조회수는 적지만 적합도는 더
높은 키워드이다.

한번은 여의도에서 음식점을 오픈한 사장님이 문의를 해왔
다. '서울'이란 키워드를 검색했을 때 자신의 가게가 뜨면 좋지 않
겠냐고 말이다. 그분은 검색조회수만 생각했지 적합도라는 개념
은 생각하지 못했다. 서울이란 단어를 검색하는 사람과 여의도에
서의 맛집을 찾는 사람 간의 상관관계는 분명 매우 낮다.

만약 이분이 파워링크 활용법을 익힌 후 혼자 단순하게 생각
하고는 그런 키워드들로 마구잡이 세팅을 해서 홍보를 시작했다

면 어떻게 되었을까. 아마 엄청난 헛돈을 날렸을 가능성이 많다. 나는 그렇게 아깝게 날아가는 헛광고비를 보면 눈물이 난다.

키워드를 찾을 때는 반드시 '적합도'라는 개념을 고려해야 한다는 것을 잊지 말자.

마지막으로 정말 중요한 것이 노출가능성을 고려하는 것이다. 이 말이 좀 생소할 수도 있다. 위의 검색조회수를 보면, 코엑스에서 음식점을 운영하는 사람들은 누구나 코엑스맛집이라는 키워드에 노출되고 싶어 할 거란 걸 예상할 수 있다. 거기에 뜨는 순간, 하루에 타깃팅된 고객만 5,000명이니 얼마나 좋겠는가. 그러나 그 키워드는 모든 음식점이 원하는 만큼 경쟁이 엄청나서 블로그 같은 섹션에서는 노출 자체가 매우 어렵고 초고액 비용이 드는 게 문제다. 그리고 설사 노출된다 하더라도 오래 유지되지도 않는다.

내가 쓴 홍보 글이 띄워지고 있는 이 순간에도 또 다른 수많은 블로거들이 그 키워드로 글을 쓰고 있기 때문에 언제 내 글이 밀려날지 모를 일이다. 따라서 다시 한 번 말하지만 내가 노출할 수 있는 키워드인지 아닌지를 반드시 고려해서 작업을 해야 한다.

그림 1에서 '코엑스횟집'은 월간 검색조회수가 170 정도가 된다. 이런 키워드는 조회수가 그리 높지 않지만 그렇다고 아예 없

는 편도 아니라서 꽤 괜찮은 키워드이다. 블로그 체험단을 이용하든 자신의 블로그로 직접 홍보 글을 쓰든 일단 저런 키워드부터 공략해야 한다. 저런 키워드들은 한 번 잡아두면 경쟁도가 심하지 않아 노출 지속도도 매우 좋다. (체험단/대행사 등에 의뢰할 때 저런 키워드를 원한다고 의사를 전달하면 된다.)

이처럼 조회수는 다소 적더라도 적합도와 노출가능성이 높은 키워드들을 계속해서 잡아나가다 보면 어느새 그것들이 어망처럼 넓게 퍼져서 다양한 검색유저들을 나도 모르게 잡아올 수 있게 되니 끈질기게 한번 노력해 보자.


이번 장에서 설명한 내용은 매우 중요하기 때문에 다시 한 번 정리해 보겠다. 상위노출로 잡아야 할 핵심키워드를 정할 때 반드시 다음 3가지를 고려하되, 아래 순서대로 하면 더욱 효과적이다.

1. 노출가능성(사람들에게 보여지지도 않을 작업은 하는 의미가 없다)
2. 적합도(나에게 도움이 안 되는 키워드를 노출하는 것은 의미가 없다)

3. 검색조회수(사람들이 아예 검색하지도 않는 키워드는 의미가 없다)

위의 순서를 염두에 두고 계획한 예산에 따라 나만의 키워드를 잡아가면 된다. 대행사에 맡기든 자신이 직접 노출을 시도하든 중요한 것은 반드시 나의 주요 키워드들을 상위에 노출시켜야 한다는 사실이다. 그래야 모객이 된다는 사실!

개인적으로는 검색조회수가 50~500 사이의 키워드가 가장 좋다고 본다. 조회수가 높으면 경쟁이 치열해져 노출가능성이 떨어지고, 또 조회수가 너무 낮으면 그 키워드는 잡아봤자 별로 의미가 없기 때문이다. 나의 클라이언트들도 대부분 그 정도 수준의 키워드를 다량으로 잡아 점점 많은 키워드들을 점유해 가는 방식으로 광고를 진행한다. 그들 모두 문제없이 광고연장 계약을 하고 있으니 마케팅 효과도 검증된 셈이다. 이제 좀 감이 왔는가.

# 03

## 알고리즘을 분석할 수 있는
# 힘이 있어야 한다

키워드를 선정해서 상위노출을 하려면 그 플랫폼의 기본적인 콘텐츠 배열 알고리즘은 알고 있어야 한다. 시간 순으로 정렬하는 곳인지, 관련도 순으로 정렬하는 곳인지 정도는 알아야 그 성격에 맞춰서 상위노출을 시도할 것 아닌가.

이 장에서는 사람들이 제일 많이 질문하고 제일 많이 오해하고 있는 네이버의 상위노출 알고리즘에 대해 이야기해 볼까 한다.

지금 이 시간에도 참 많은 곳에서 네이버의 상위노출에 대해 암암리에 교육을 하고 있다. 나에게도 많은 분들이 그 방법을 알려 달라고 요청해 온다. 사실 네이버의 상위노출 원리는 꽤나 단순하다. 세부적인 알고리즘은 계속 바뀌지만 언제나 가장 좋은 검색결과, 즉 가장 좋은 콘텐츠를 상위에 배치하려는 궁극적 목적만큼은 변하지 않는다. 네이버가 종종 알고리즘을 개편하는 것도 조금이라도 더 나은 검색결과를 제공하기 위함이다.

최근에는 같은 검색어를 쳐도 검색하는 사람의 의도에 맞춰 제각각 다른 검색 결과를 제공한다는 기사가 떠서 화제가 됐는데 이것 역시 그러한 노력의 일환이다.


그렇다면 네이버가 말하는 '좋은 콘텐츠'의 기준이란 무엇일까?


첫째, 네이버는 좋은 작가(=좋은 블로그)에게서 좋은 글이 나온다는 생각을 갖고 있다. 글보다는 작가, 즉 블로그 자체의 지수가 더 중요하다고 판단한다. 소위 블로그 지수라는 건, 오랜 기간 좋은 정보성 콘텐츠를 꾸준히 올리고, 주변 블로거들과 왕성하게 교류하는 등의 활동을 하면 주어지는 점수 같은 것이다. 이렇게 점수가 어느 정도 높아진 블로그에 올라간 글은 확실히 더 상위에 랭크된다.

〈그림 1〉 네이버는 더 높은 만족감을 주기 위해, 일부 이용자를 대상으로 개인 관심사에 따라 각각 다른 검색 결과를 제공하는 개인 맞춤형 검색 결과를 보여주기도 했다. (2018년 ThePR 뉴스기사 '네이버 검색 결과, 왜 너랑 나랑 달라?')

예를 들어 이제 막 블로그를 개설한 경제학 박사와 블로그 지수가 높은 주부 블로거가 한국경제에 대해 동시에 글을 썼다면 주부 블로거의 글이 더 상위에 노출된다. 검색엔진도 결국은 프로그램이므로 원칙이 필요한데, 아무리 좋은 문서를 발행했다 하더라도 네이버 내에서 정한 아이디 지수를 충족시키지 못하면 순위에 진입하지 못하게끔 되어 있다. (언뜻 듣기에 말이 안 되는 것 같지만, 이런 원칙은 오히려 검색포털의 건전한 검색 결과를 위해서도 꼭 필요하다. 만약 이런 룰 없이 누구나 아이디를 개설하자마자 상위에 노출될 수 있다면, 나쁜 의도를 가진 일부 악성업자들이 마구잡이로 블로그를 만들어서 엄청나게 홍보성 콘텐츠를 도배해 댈 것이고, 그러면 네이버의 검색 결과는 완전히 망가질 수도 있다. 실제로 초기의 네이버와 다음에서는 이런 악성업자들의 무차별적 홍보포스팅에 꽤나 골머리를 앓기도 했다. 서브키워드의 경우는 블로그 지수가 낮아도 경쟁이 낮은 만큼 노출가능성이 높다. 그래서 앞부분에 서브키워드 발굴을 강조했던 것이다.)

둘째, 네이버는 기왕이면 좋은 형식을 갖춘 글을 더 나은 문서로 판단한다. 단순히 텍스트만 쭈루룩 나열된 콘텐츠보다는 사진과 동영상까지 첨부해서 설명한 글을 더 좋은 콘텐츠로 이해한다는 사실이다. 아무래도 단순히 글자로만 설명하는 것보다는 이미지와 동영상까지 보태서 설명하는 글이 더 나은 글이라고 판단하는 듯하다. 네이버를 사용하는 유저라면 주로 보는 글들이 이와 비슷한 구성으로 되어 있는 경우를 많이 보았을 것이라 생각한다.

셋째, 네이버는 글의 반응도가 좋은 글을 좋은 콘텐츠로 여긴다. '좋은 콘텐츠'는 일반적으로 여기저기 많이 공유되며, 댓글도 많이 달리고 '좋아요'도 많이 눌러진다. 실제로 이런 반응들은 해당 글의 랭킹점수에 영향을 주고, 그에 따라 순위도 더 상위로 랭크된다.

어떤 마케터들은 "사람들이 선호하는 콘텐츠만 만드세요. 그러면 블로그는 다 해결됩니다!" 하고 교육하는데, 어쩌면 그 말이 가장 정답인지도 모른다. 진짜 좋은 콘텐츠는 유저들이 먼저 알아보고 반응하기 마련이고 그러면 자연스럽게 점점 상위에 노출될 테니까.

넷째, 네이버는 비슷한 내용이라면 가급적 최신의 정보를 더 앞세워 보여주려고 한다. 동일한 지수의 블로그에 각각 같은 키워드로 비슷한 퀄리티의 글들을 올려보면 확실히 최근 작성된 글이 더 상위에 랭크되는 경향을 보인다. 아무래도 최신의 정보가 때 지난 정보보다는 더 정확한 정보일 거라는 판단이 깔려 있기 때문인 듯하다.

위 네 가지가 보통 사람들이 가장 궁금해하는 네이버블로그의 기본적인 노출 기준이다. 언급한 사항 외에도 일부 책에 담기에는 부담스런 언더 요소들이 있긴 하나, 위의 요소만으로도 충분히 큰 구조는 이해할 수 있다.

더 디테일한 것들은 실제 여러 키워드들을 검색해 보면서 상위에 랭크된 문서들의 공통점들을 찾아보길 바란다. 기본적으로 블로그의 지수를 충족시키고 나면 콘텐츠 내용으로 경쟁해야 하는데, 그건 첫 페이지에 뜨는 글들을 역으로 분석해 보면 어느 정도 결론이 난다.

참고로 많은 분들이 '최적화 블로그'에 대해서 물어본다. 이는 블로그 지수가 일정 수준을 넘어서서 노출도가 매우 높아진 블로그를 부르는 통칭이다. (최적화 블로그로 글을 쓰면 소위 말하는 메인키워드에도 노출이 될 수 있다.)

네이버는 위에서도 말했지만 좋은 작가에게서 좋은 글이 나온다는 기본적인 전제를 깔고 있기에 다들 블로그 지수를 높여 좋은 작가가 되려고 노력한다. 특히 어떻게 하면 블로그 최적화가 빨리 되냐고 많이들 묻는데, 사실 꾸준히 좋은 컨텐츠를 올리며 활발한 활동을 하라는 것 말고는 제대로 된 대답이란 걸 해줄 수가 없다.

왜냐면 현재는 만약 특별한 노하우가 있다 하더라도 너무 중요한 영역인 만큼 네이버는 그 기준을 조금씩 계속해서 바꾸기 때문이다. 이 책이 나온 뒤에 또 어떻게 바뀌어 있을지는 누구도

모르는 일이다. *

세상이 변해 가고, 그에 맞춰 온라인의 검색 트렌드도 끊임없이 변해간다. 예전에 PC 기반이었던 사회는 순식간에 모바일 중심의 사회로 바뀌었다. 이제는 빅데이터, 인공지능 등 과거에는 상상하지 못했던 여러 첨단 기술들이 대거 등장했다. 그에 맞춰 네이버도 끊임없이 변해 가고 있다.

옛날에는 노출하고자 하는 검색어만 많이 넣어도 상위노출이 되던 때가 있었다. 노출하고자 하는 키워드가 있으면, 무식하게 본문에다 그 단어를 100번도 넘게 반복했으니 그런 글을 읽는 이용자들은 얼마나 눈살을 찌푸렸겠는가.

그러나 요즘은 다르다. 네이버는 자본과 기술을 이용해서 정말 좋은 문서를 노출시키기 위해 최선을 다하고 있고, 실제로 검색 결과에 대한 만족도도 높아졌다. 네이버 외에도 다양한 매체들의 끊임없는 변화와 각 매체들이 원하는 최적의 콘텐츠가 무엇인지, 그 알고리즘을 분석하고 적용하는 일은 사실 쉬운 일이 아니다.

* 블로그 최적화와 관련해서는 네이버검색의 공식블로그인 'NAVER Search & Tech'를 참조하기 바란다. 네이버블로그와 관련하여 다양한 정보와 팁들을 소개하고 있다.(https://blog.naver.com/naver_search)

워낙 어렵다 보니 온라인마케팅 대행사들 중에서도 이런 복잡한 알고리즘은 아예 무시하고 단순히 영업만 대행하는 곳도 많다. 그들은 영업을 따서 실제 작업은 상위노출을 전문적으로 하는 실행사들에게 외주를 맡긴다. 하물며 업주들은 말할 나위가 있을까. 그래서 사실 어느 정도의 여력이 있는 사장님들은 마케팅전문가에게 의뢰를 하면서 중요한 정보를 습득하고, 그에 맞는 최선의 대비책들을 빠르게 찾아나가라고 권해주고 싶다. 아무래도 이런 변화들은 이 업에 있는 사람들이 더 빠르게 느끼고 준비할 테니까.

물론 누구라도 충분히 직접 블로그마케팅에 도전할 수 있다. 앞에서 설명한 대로 꾸준히 양질의 콘텐츠를 업로드하고, 블로그 이웃을 맺어가며 왕성한 활동을 해 나가면 된다. 그러면 어느 순간부터 블로그 지수가 높아져, 사람들이 흔하게 찾는 메인키워드까지는 아니더라도 적합도가 있고 검색조회수가 일정 수준 이상 나오는 서브키워드들은 충분히 노출시킬 수 있게 된다.

아무리 네이버가 바뀐다 해도 위에서 말한 기본적인 요소들은 본질적으로 크게 변하지 않는다. 그러니 블로그를 시작한다면 이러한 불변의 요소들을 고려해서 장기전을 펼칠 각오를 하도록 하자!

# 04

## 상위노출 몰라도
## 할 수 있는 노출마케팅

상위노출이라 하면 보통 네이버만을 생각하는데, 사실 상위노출은 말 그대로 어떤 곳이든 잘 보이는 상단에 노출되는 것을 통칭하는 단어이다.

도로 옆 길가에 여러 현수막이 겹겹이 쌓여 있는 중에서도 제일 위의 좋은 자리에 배치되면 상위노출이고, SNS의 특정 해시태그 검색 시 위쪽에 뜨는 것도 상위노출이다. 또 사람들이 많이 모여 있는 커뮤니티나 카페 등에서도 어떤 용어를 검색할 때 상단에 자리하면 다 상위노출이다.

많은 사람들이 상위노출이 너무 어려워서 온라인마케팅이 어렵다고들 하는데, 상위노출이 어려운 영역만을 고집하니 그리 느끼는 것이다.

네이버, 다음, 구글 등의 메이저 검색엔진에서 상위노출이 되는 건 당연히 어렵다.

검색엔진이라는 것 자체가 유저들의 검색의도에 가장 적합한 결과물을 보여줘야 하는 플랫폼이다 보니 그 알고리즘이 복잡할 수밖에 없다. 그런데 그 외 플랫폼을 활용하면 상위노출을 노리는 것이 그리 어렵지는 않다.


마케팅 회사를 운영하기 전 한때 나는 산양삼과 건강식품을 판 적이 있다. 우연히 인터넷을 서핑하다가 어떤 영업사원 모집 글을 읽었는데, 시중에 파는 건강식품을 40% 가격으로 줄 테니 열심히 팔 사람은 지원해 보라는 내용이었다. 평소에 건강식품에 관심이 많았던 터라 그 글을 보니 한번 도전해 보고 싶어졌다.

다음날 바로 그분을 찾아갔다. 나이가 좀 있는 분이었는데, 보기와는 달리 인터넷에 밝아 그 연세에도 쇼핑몰을 만들어 온라인마케팅으로 많은 판매를 올리고 있었다.

배송을 기다리고 있는 몇 백 개의 택배상자가 모두 온라인광고 덕분이라고 했는데, 어찌 보면 마케팅의 '마'자도 모르던 시절에 처음으로 마케팅의 힘을 눈으로 직접 목격한 날이었는지도 모르겠다.

나는 간단한 설명을 듣고 집에 돌아와 '어떻게 하면 잘 팔 수 있을까'를 고민했다. 아무래도 전문 영업사원이 아니니 돌방 영업은 안 되겠고, 그나마 익숙한 중고나라 등의 온라인 커뮤니티를 이용해 보자고 결론 내렸다.

지금처럼 마케팅적인 사고를 아예 하지 못했던 시절이라 그냥 그 좋은 제품을 글로 잘 표현만 해두면 필요한 사람이 사가겠거니 하는 단순한 생각이었다.

워낙 특장점이 많은 산양삼이었기에 글을 쓰는 것은 그리 어렵지 않았다. 제품에 대한 설명을 들은 후 솔직한 내 관점으로 제품의 장단점에 대해 친절하게 설명한 뒤에 "필요하신 분들은 연락 달라."는 식으로 글을 썼다.

중고나라와 일부 커뮤니티의 장터게시판들을 이용했는데, 그나마 각 사이트의 성격을 좀 반영해서 글을 써보려 노력했다.

예를 들어 사진커뮤니티의 장터게시판이면 사진에 대한 언급을 좀 하면서 시작하고, 중고나라는 사기에 대한 걱정이 많으니 그런 부분을 불식시켜 주면서 시작하는 식으로 말이다.

특히 중고나라에 올린 글은 반응이 좋았다. 매일 글을 쓰면 문의전화가 꼭 3~4통은 왔다.

한 달 정도 지나서부터는 중고나라에 글을 올리는 것만으로도 월 200~300만 원 정도 순익이 남았고, 이후로도 소비자 고발에서 가짜홍삼 이슈가 터지기 직전까지는 월 500만 원 정도의 순익을 남겼으니 시간 투자 대비로는 꽤 괜찮은 장사였다. 마지막에 우리와는 전혀 상관없는 한 업체의 가짜홍삼 이슈가 건강식품 시장 전반의 위축으로 이어지면서 나는 몇 달 뒤 그 일을 접게 되었지만, 그 경험을 통해 노출이 가져다주는 파워는 충분히 체험할 수 있었다.

나는 네이버 메인의 상위노출은 생각조차 하지 않았고, 단지 최신순으로 정렬되는 일부 장터게시판에 상위노출이 되도록 노력했을 뿐이었다. 그럼에도 그 결과는 충분히 만족스러웠다.

얼마 전 간단한 가구를 하나 나를 일이 있어 용달업체를 찾다가 중고나라에 댓글로만 광고하는 업체에 연락을 해본 적이 있다. 그들은 소파, 침대 등 직거래를 하기엔 너무 부피가 커서 용달을 동원해야 하는 물품 판매글이 올라오면 기가 막히게 찾아가서 댓글을 달며 광고를 한다.

라인스티커 한 장과 자기네 전화번호를 남기는 게 다인데, 막상 소량의 물품을 거래하려면 또 그들이 필요해서 연락을 안 할 수가 없다. 그 업체와 통화해서 일정을 좀 급히 잡을 수 없겠냐고 부탁하니 도저히 그럴 여유가 없다고 했다.

그만큼 많은 문의가 가는 모양이었다. 이처럼 '용달이사'라는 키워드로 네이버 상위노출을 시키진 못하더라도, 틈새의 대안들이 있음을 기억해 두자.

그리고 네이버 상위노출도 약간의 꼼수는 부려볼 수 있다. 예를 들어 '통역알바'라는 키워드에 상위노출을 하고 싶은데 도저히 지수 높은 블로그도 없고, 예산도 없어 대행사에 의뢰를 할 수 없는 상황이라고 가정해 보자. 이럴 때는 지식인에 '통역알바'를 검색해서 상위노출이 된 글 아래에 댓글을 달아볼 수 있다.

"혹시나 성실한 통역알바를 찾으신다면 저에게 연락주세요. 다년간 통역 경험이 있는 개인 프리랜서이고 가격은 최대한 잘 맞춰드립니다. 연락처는 010-0000-0000입니다."

상위노출된 글에 이렇게 댓글을 달기만 해도 분명히 연락이 온다.

이는 마케팅 교육을 하면서도 수년간 들어왔던 피드백이므로 정말 믿어도 된다. 대신에 단순 복붙(복사 붙임)이 아니라 진솔하고 성의 있는 태도로 질문자의 질문 내용에 맞는 개별적인 내용을 같이 써줘야 더 큰 효과를 볼 수 있다.

이제는 상위노출의 단어 범위를 좀 넓게 생각하자. 다시 강조하지만, 네이버의 메인 검색 상위노출만 상위노출이 아니다. 수많은 플랫폼이 있고, 대부분은 시간순 정렬처럼 간단한 구조로 되어 있으므로 조금만 노력하면 누구나 시도할 수 있다. 정성껏 콘텐츠를 작성하고, 자기가 할 수 있는 부분에서의 상위노출을 열심히 시도한다면 그 노력은 반드시 '진짜'를 찾는 고객들에게 가 닿을 것이다.

part

# 5

스토리텔링은 절대 거창한 무엇이 아니다.
사람들에게 공감이 되고
그들의 고민을 알아주는 이야기면 충분하다.

# 고객은
# 좋은 콘텐츠를
# 원한다

# 01

## 콘텐츠를 제작하기 전
## 답해야 하는 두 질문

콘셉트를 응축했다고 끝이 아닙니다. 도출된 콘셉트는 소비자들에게 '창의적'인 표현으로 전달되어야 합니다.

—홍성태, 〈모든 비즈니스는 브랜딩이다〉 저자

어느덧 다섯 번째 단계까지 왔다. 먼저 수고했고, 잘했고, 앞으로도 더 잘하리라고 격려해 주고 싶다. 이 말은 곧 이 치열한 경쟁사회 속에서 고군분투하고 있는 내 자신에게 하는 말이기도 하다. 사업을 하는 목표는 매출을 올리는 것, 즉 '돈'을 버는 것에 있다는 것을 잊어서는 안 된다.

"나는 그냥 사람들을 도와주고 우리의 좋은 제품을 널리 알리고 싶을 뿐이에요."

이런 사람은 사업을 해선 안 된다. 그런 태도로는 절대 이 치열한 경쟁 생태계 속에서 살아남을 수 없다. 좋은 제품을 널리 알리고 싶은 목적이라 해도 마찬가지다. 일단 팔려야 그 진가를 전달할 수 있다.

이익이 남는지 여부와 관계없이 그저 좋은 일을 하고 싶어 사업을 시작했다면, 차라리 그냥 기부를 하는 게 어떨까. 괜히 고생은 고생대로 한 후에 날리지 말고 말이다.

사업은 그리 만만치 않다. 냉혹하게 들릴지 모르겠지만 사업을 하는 이유는 수익을 내는 것이다. 또한 마케팅의 기본은 '매출을 올리는 것'임을 잊어선 안 된다. 좋은 일도 일단 사업이 잘된 후에나 가능한 일이다.

자, 그러기 위해서 이제 다섯 번째로 '좋은 콘텐츠'에 대해 이야기를 좀 나눠 보려고 한다. 앞의 네 단계를 설명하면서 좋은 콘텐츠와 관련된 이야기가 잠깐씩 언급되긴 했으나, 광고의 알맹이에 해당하는 '콘텐츠'는 여러 번 강조해도 모자랄 만큼 매우 중요한 영역이기에 이 장에서 좀 더 세밀하게 다뤄 보려고 한다.

시간, 돈, 노력을 쏟아 게시물의 조회수를 올렸지만, 콘텐츠가 형편없다면 효과는 제로다. 아니, 때로는 노력을 안 한 것만 못할 정도로 역효과가 나기도 한다. 광고에 낚여 오긴 왔는데, 와보니 별것도 없고 실망스러워 돌아간 손님이 다시 올 리는 없지 않겠는가. 이제부터 '좋은 콘텐츠'가 무엇인지, 그 얘길 한번 나눠 보자.

좋은 홍보 콘텐츠를 만들기 위해서는 최우선적으로 해결해야 하는 과제가 있다. 앞에서 홈페이지를 얘기하면서 잠깐 언급했지만, 가장 중요한 두 가지 질문에 대한 답을 먼저 정리해 두고 콘텐츠를 만들어야 한다. 많은 사람들이 그 단계 없이 바로 콘텐츠를 제작하기 때문에 노출이 되어도 전환율이 떨어지게 된다. 그 질문은 바로 이것이다.

1. Why it?
2. Why me?

첫 번째, 'Why it?' 내가 판매하는 제품이나 서비스가 왜 당신에게 필요한지, 그 답을 명쾌하게 해줄 수 있어야 한다.

예를 들어 재무설계 서비스를 홍보하는 사람이다.

'왜 당신은 재무설계를 해야 하는가?'

여기에 대한 답을 정리해야 한다. 또 어린이 미술교실을 홍보하는 사람이 있다. 그러면 '왜 어린이에게 미술교육이 필요한지?' 설명할 수 있어야 한다. 선식쇼핑몰을 운영 중이라면 '왜 선식을 먹어야 하는가?'에 대한 설명을 설득력 있게 해줄 수 있어야 한다.

두 번째, Why me? 그걸 왜 하필 나한테서 얻어야 하는가?

다른 데도 아닌 나에게 와야 하는 이유. 그걸 설명할 수 있어야 한다. 다른 경쟁상품들과 우리 것은 어떻게 다른지, 결정적 차별점이 무엇인지, 이것을 잘 보여줄 수 있어야 한다. 내부광고에 대해 이야기할 때도 여러 번 강조했지만 그 차별점이 없다면 지금이라도 만들어 내야 한다.

손님이 꼭 나에게 와야 하는 이유를 나 자신도 설명하지 못한다면 대체 그 사업이 무슨 경쟁력이 있겠는가?

완벽하거나 간단명료하지 못하더라도 위의 두 질문에 대한 답을 잘 정리해 두는 것은 모든 홍보 콘텐츠의 중요한 토대가 된다.

Why it?

Why me?

모든 콘텐츠는 이 두 가지를 중심으로 만들어지기 때문이다.

특히 두 번째 질문의 답에는 더욱 공을 많이 들여야 한다. 사실, 첫 번째 질문에 대한 답은 이미 경쟁사들도 열심히 준비를 했기 때문에 찾아보면 여기저기 노출이 된 곳이 많다. 그래서 굳이 내가 아주 잘 설명하지 못한다 해도 큰 문제가 되진 않는다.

예를 들어 당신이 포토샵 학원을 운영하고 있다고 하자. 그러면 "왜 포토샵을 배워야 하는가?"가 첫 번째 질문이 될 텐데, 여기에 대한 답은 다른 학원들이 이미 구체적으로 잘해 놨기 때문에 내가 뛰어나게 답하지 못해도 치명적인 문제가 될 건 없다는 뜻이다. 하지만 두 번째 질문인 "왜 우리 학원에서 배워야 하는가?"는 다르다. 아래 예시를 한번 보자.

[A 학원]

포토샵을 배우길 원하십니까? 그렇다면 저희에게로 오십시오. 저희는 쾌적한 환경과 넓은 공간, 그리고 최신 컴퓨터와 최신 포토샵 소프트웨어까지 잘 깔려 있는 학원입니다. 위치는 지하철 ○○역에서 5분 거리에 있으므로 다니시기도 편합니다. 선생님들은 정성껏 가르치고, 최선을 다해 여러분의 취업을 돕습니다. 현재 신년맞이 프로모션을 진행 중이기에 선착순 100명까지는 20% 할인된 가격으로 정규교육 과정을 수강하실 수 있습니다. 자세한 사항은 전화로 문의주시면 보다 친절하게 설명드리도록 하겠습니다.


[B 학원]

포토샵을 왜 배우십니까? 웹디자이너로서의 취업을 위해 배우시는 거 아닌가요? 저희는 시중에 있는 교재로 포토샵을 가르치지 않습니다. 실제 현장에 나가서 여러분이 직접 지시받을 가프로젝트들로 수업을 진행합니다. 저희의 수업은 현장에서의 경험과 거의 흡사하므로 어쩌면 일반적인 학원교육 과정을 생각하신 분들께는 다소 어색하게 느껴질 수 있습니다. 그리고 따라오기가 힘들 수도 있습니다. 숙제도 많고, 다들 쉽지 않은 교육이라고들 합니다. 그러나 하나 확실한 것은 저희에게 배우면 그 어떤 곳에서 배운 수강생들보다 훨씬 현장에서의 적응이 빠르다는 겁니다. 전원 10년차 이상의 현장 실무 경험자들로만 구성된 저희의 교육과정이 궁금하시다면 지금 바로 연락 주십시오.

차이가 확연하게 느껴지지 않는가? 취업을 위해서라면 진짜 실전지식을 가르쳐주는 B로 가야겠다는 생각이 들게 된다. 물론 거리나 가격 등을 고려하여 A학원으로 문의하는 사람도 있겠지만, 일반적인 사람의 경우 B학원을 선호할 가능성이 더 많다. 그렇다면 B학원은 뭐가 다른가?

비슷한 길이의 콘텐츠이지만, B학원은 두 번째 질문인 'why me?'에 대한 답이 매우 명확하게 느껴진다. 실제 웹디자이너로 취업해서 활용할 지식을 배우는 교육이니 자기네들은 책에서 벗어나 실전에서 발생하는 상황들을 토대로 교육을 하겠다는 것 아닌가. 자신들의 차별점을 명확하게 인식한 상태에서 쓰는 콘텐츠들은 저렇게 힘이 있고, 소비자의 마음을 찌를 수 있다.

반면 A학원은 어떤가? 그냥 남들이 강조하는 것들을 따라서 나열했을 뿐이다. 친절하다, 좋은 설비를 갖췄다, 할인 중이다…… 등등 A학원만의 색깔, 콘셉트 같은 게 전혀 느껴지지 않는다. 거창하게 콘셉트랄 것도 없이 "왜 나인가?"에 대한 나만의 차별점을 정리해 보라. 모든 콘텐츠는 그 차별점을 토대로 제작되어야 한다.

# 02

## 내 얘기가 아니라
## 그들이 원하는 이야기를 하라

모임이나 미팅을 하다 보면 내내 자신의 이야기만 늘어놓는 사람들이 있다. 다른 이가 말을 시작하면 다 끝내지도 못했는데 어느새 또 끼어들어 자기 이야기를 장황하게 늘어놓는다. 시간이 갈수록 점점 분위기는 싸늘해지고 다들 시계를 보기 시작한다. 그저 빨리 자리가 마무리되어 집으로 돌아가고 싶다.

그런데 정말 심각한 문제는 대체로 그런 사람들은 자기 때문에 분위기가 그리 되고 있다는 사실조차 못 느낀다는 점이다. 데일 카네기는 〈인간관계론〉에서 대화를 잘하는 사람이 되는 가장 쉬운 방법은 상대방의 이야기를 잘 들어주는 것이라고 했다. 그는 상대방이 계속해서 자기의 말을 잘 꺼내도록 대화를 편하게 이끄는 게 핵심 방법이라고 했다. 대화를 잘하는 사람이라고 하면 흔히 말을 재밌게 잘 풀어나가는 사람을 떠올리지만, 사실은 상대방으로 하여금 자기의 이야기를 더 잘 꺼내게 하는 게 제일 중요한 능력이다.

그리고 사람들은 기본적으로 상대가 자기 잘났다고 떠들어대는 이야기에는 거부감을 갖는다. 특히 처음 만난 자리에서라면 더더욱 싫어한다. 생각해 보라, 당신과 처음 만난 사람이 다짜고짜 첫마디가 이렇다면 어떻겠는가?

"저는 명문대를 수석으로 졸업했어요. 저희 집은 완전 멋지게 꾸몄구요. 저 돈도 많이 법니다."

부담스럽기 짝이 없다.

홍보 콘텐츠도 이와 똑같다. 단순히 나의 이야기를, 그것도 나 잘났다는 이야기만 가득 담는다면 소비자들은 절대 공감하지 않는다. 그들이 겪는 문제와 걱정거리를 가급적 디테일하게 묘사하고 그에 대해 내가 왜 그런 해법을 제시하는지를 공감되게 쓰면 그게 가장 좋은 콘텐츠다. 예를 들어 온라인 화상영어를 판매하는 사람이 다음과 같은 기반을 가지고 사업을 전개하고 있다고 해보자.

<예시>

Part 1. 영어회화를 잘하고 싶은 이들의 고민:

1. 영어공부를 많이 했는데도 외국인만 만나면 입이 안 열리는 답답함.
2. 회화를 위해 학원을 가기엔 비용과 소모시간이 부담스러움.
3. 큰맘 먹고 시작했지만 또 중간에 포기하게 될지도 모른다는 두려움.
4. ……

Part 2. 내가 찾은 솔루션:

1. 실제 외국인과의 대화를 초저가로 할 수 있게 온라인 화상통화로 진행.
2. 온라인이지만, 오프라인학원처럼 개별 영어학습을 1:1로 담당하는 별도 매니저 할당.
3. 영어 자체보다도 중간에 포기하지 않기 위한 매니지먼트를 더욱 정교하게 세팅.
4. ……

글이든 영상이든 콘텐츠를 제작할 때에는 Part 2뿐 아니라 Part 1에도 상당히 신경을 써야 한다. 많은 이들이 Part 1은 신경도 쓰지 않고 자기 업체 홍보에만 급급해 Part 2만 고민하는데, 그렇게 해서는 소비자들의 공감을 얻지 못한다. '공감'은 마케팅에 있어 매우 중요한 요소다.

따라서 좋은 콘텐츠를 만들고 싶다면 절대 이 부분을 놓치지 말자. 즉, 고객이 공감할 만한 부분에 더욱 신경을 쓰자.

사람들은 기본적으로 나에게 '잘해줄 것 같은' 사람에게 끌리기 마련이다. 내 고민을 잘 이해하고 있는 사람, 나와 같은 경험을 해본 사람이 나의 이 답답한 문제를 가장 잘 해결해 주리라 생각한다. 고객이 콘텐츠를 볼 때 그 호감도를 느낄 수 있는 부분이 바로 Part 1이다. 따라서 좋은 콘텐츠를 만들고 싶다면 더욱 Part 1에 집중하고 고객의 마음에 몰입해 진솔한 이야기들을 담아내도록 하자.

〈백만장자 메신저〉에서 브렌든 버처드는 말했다.

"사람들은 조언을 구할 때 전문가보다 자신이 신뢰하는 이에게 조언을 구하는 경향이 있다."

한 예로, 사람들이 연애 상담을 할 때 연애전문 심리상담사에게 가는 경우는 거의 없다고 한다. 그저 내 이야기를 가장 잘 들어주고, 진심으로 나를 위해 조언을 해줄 것 같은 친구를 찾아간 다고 한다. 광고 콘텐츠도 마찬가지다. 고객들에게 '내가 잘한다' 는 사실을 내세우기보다 '당신의 고민을 충분히 이해한다'는 사실을 보여주는 게 더 유리하다.

좋은 콘텐츠에서 Part 1의 역할은 바로 그런 것이다. 영화에서 감동적인 장면을 더욱 극대화하기 위해 아름다운 배경음악을 활용하듯이 Part 2의 메시지를 강력하게 전달하기 위해서는 Part 1을 베이스로 잘 깔아두어야 한다.

고객은 콘텐츠에 담긴 다른 이의 이야기를 읽으면서 그들이 마치 자신의 이야기를 대신해 준다고 느낄 때 호감도가 상승한다. 가려운 부분을 콕콕 집어주고, 차마 입 밖으로 내지 못하고 마음속에만 담아두었던 묵은 고민거리들마저 속 시원하게 이야기해 준다면 그 글이 아무리 길어도 끝까지 읽게 된다.

이런 게 바로 '좋은 콘텐츠'다. 전화 상담을 하면서 수없이 들어왔던 고객들의 고민과 걱정거리들을 진정성 있게만 써보라. 나 잘 났다는 단순 내용보다는 훨씬 매출에 도움이 될 것이라고 본다.

이런 콘텐츠를 더 잘 활용하기 위해서는 스토리텔링 기법도 도움이 된다. 영화와 텔레비전 시나리오 작가이자 제작자로 30년

넘게 이름을 날린 리처드 맥스웰이 말했다.

"스토리텔링은 사실을 감정이라는 포장으로 감싸는 작업이다." 또한 그는 "상대방의 반응을 불러일으키는 이야기는 사람들을 수동적인 청중에서 능동적인 참여자로 바꾼다."고 했다. 콘텐츠를 작성할 때 단순히 내 상품의 장점을 나열하기보다 실제 만났던 고객들을 주인공으로 이야기를 풀어보라.

많은 책들에서 다루는 여러 스토리텔링 기법들을 세세히 모른다 해도 그렇게 실제로 내가 겪은 이야기들만 잘 풀어 써도 충분히 좋은 스토리텔링이 될 수 있다.

스토리텔링이라고 해서 절대 거창한 무엇이 아니다. "우리는 마케팅을 정말 잘해요!" 하며 장점을 나열해 놓은 것이 아니라, "오늘 내가 만난 한 고객님의 고충은 이런 것이었어요……."라고 시작해 진솔한 이야기를 풀어내는 것이 스토리텔링이다.

우리가 어릴 때 들었던 해와 바람 이야기를 떠올려 보라. 지나가는 나그네의 외투를 벗기는 게임을 하게 된 해와 바람, 결국 승자는 해였다. 거세게 불어대는 바람은 나그네의 옷을 더욱 여미게 만들 뿐이었고, 따뜻한 햇볕이 결국 나그네가 스스로 외투를 벗게 만들었다.

우리의 장점을 나열하며 선택을 강요하는 것은 바람의 방법이며, 고객들의 이야기에 귀 기울이고 그들의 고민을 공감하는 것은 해의 방법이다. 우리의 상품이 그들에게 '위로'가 되고, 거기에 '합리성'이 더해질 때 비로소 그들의 지갑을 열 수 있다.

수려한 글솜씨를 가진 작가, 입만 열면 재밌는 이야기가 술술 터지는 이야기꾼이 되라는 말이 아니다. 너무 현란한 글과 말은 상품을 사야 하는 고객에게 도리어 반감을 줄 수도 있다. 고객에게 '당신의 고민을 충분히 이해하고 있는 이가 만든 제품입니다.' 하는 것을 어필하고, 이것을 구매하는 게 얼마나 합리적인 선택인지에 대해서만 솔직하게 풀어쓰면 된다.

뭐 얼마나 대단한 콘텐츠가 더 필요하겠는가? 다시 한 번 말하지만, 그들의 이야기를 대신해 주고 공감만 잘해 줘도 충분하다. 그리고 팁을 하나 보태자면, 하나하나의 콘텐츠를 너무 완벽하게 만들려고 하지 말라. 하나의 글에 모든 장점을 다 담아야 한다는 강박을 버려야 한다. 그래야 일단 시작을 할 수 있다.

글 하나에 한 가지 내용만 잘 담아도 좋은 글이다. "Done is better than perfect•."라는 말도 있지 않은가. 완벽하려 하지 말고 일단 떠오르는 부분적인 내용이라도 먼저 시작해 보자.

• '끝내는 것이 완벽한 것보다 낫다.' 페이스북 본사에 가면 붙어 있는 포스터 문구이기도 하다.

〈티핑포인트〉를 쓴 말콤 글래드웰은 "가장 파워풀한 셀링포인트는 마케터와 소비자가 아닌 소비자와 소비자 간에 이루어지는 교감에 있다."고 강조했다. 제아무리 뛰어난 마케팅이라도 소비자들끼리 뭉쳐서 만든 힘은 당해낼 재간이 없다.

정말 좋은 상품을 준비했으면, 그들이 한번 제대로 구매해서 써보기만 하면 되는 것 아닌가? 알아서들 서로서로 소개해 주며 입소문을 내어 주게 되어 있다. 그러니 우리는 일단 그들의 고민만 건드려주자. 그 글을 읽는 사람이 마치 자기 속마음을 들킨 것처럼 눈을 동그랗게 뜨도록 말이다.

# 03

## 잘 터지는
## 게시물을 만들려면?

"좋은 콘텐츠를 만들어야지." 하고 책상 앞에서 고민하고 있을 분들을 위해 이번 내용을 꼭 보태야 할 것 같다.

몇 해 전 SNS마케팅 교육을 통해 만난 사람 중, 수강 이후 의욕을 가지고 페이스북 페이지를 개설하고 콘텐츠까지 손수 만들어 꾸준히 올린 분이 있었다. 정말 열정이 너무나 가득했던 그분과 자주 연락하면서 나중에 마케팅 책을 쓴다면 콘텐츠 제작 부분을 쓸 때 꼭 이 내용을 쓰리라 결심했는데, 마침내 그날이 되었다.

그분이 제일 어려워했던 부분은 '어떻게 하면 잘 터지는 게시물을 만들 수 있나?' 하는 것이었다. 이미 나이도 많고, 원래부터 그런 감각적인 부분이 발달한 편도 아니어서 '좋아요'가 많이 달리는 콘텐츠를 만들어 낼 자신이 없다고 했다.

맞는 말이다. 이 책을 쓰고 있는 나 역시 그런 센스는 자신할 수 없다. 그러나 낙담할 것도 없다. 전설적인 광고카피나 파격적인 광고영상 등을 제작할 수 있는 마케터는 생각보다 많지 않다. 그리고 심지어 그런 마케터들도 성공한 것만 기억해서 그렇지, 망한 광고도 수없이 많이 만든 사람들이다. 그럼 정말 센스 없는 우리는 어떻게 하면 좋은 콘텐츠를 만들 수 있는 걸까?

이것 하나만 기억하면 된다.


'잘 터지는 게시물을 분석하고 따라 하라!'


'모방이 창조의 어머니'라는 말은 진실이다. 내가 천재도 아닌데, 굳이 많은 시간 동안 애써 가며 잘 터질 만한 게시물을 창조할 필요는 없다.

사실 사람들에게 이미 각광받고 있는 게시물들을 유심히 살펴보면 그들이 지닌 공통점을 누구라도 읽어낼 수 있다. 나는 페이스북 초창기에 여러 페이지를 키웠다. 도합 150만 명 정도로 키웠으니 숫자로만 보면 정말 많은 팔로워를 만들어 낸 셈이다. 그것도 몇 달 안 되는 기간 내에 그런 숫자로 키웠으니 내가 생각해봐도 육성속도 하나만큼은 정말 대단하긴 했다. 당시에 내가 썼던 방법이 딱 저 방법이었다.

잘 터지는 게시물들을 분석하고 따라 하는 것!

나는 다른 페이지들을 돌아다니면서 가장 핫한 게시물을 분석해서 그들이 쓰는 말투, 소재 등을 나의 페이지에 최대한 반영했을 뿐이다. 이미 다른 데서 충분히 검증된 내용들만 다루니 어떻게 관심을 끌지 않을 수가 있겠는가. 브레인스토밍을 최초로 고안해 냈으며, 미국의 대형 광고회사인 바덴 바튼 다스린 앤드 오스본사의 사장을 지낸 알렉스 오스본도 이렇게 말했다.

"거의 모든 아이디어는 다른 아이디어에서 차례차례로 태어나는 의붓자식들이다."

좋은 콘텐츠에 대해 고민하고 있다면 먼저 현재 사람들로부터 많은 주목을 받고 있는 게시물들을 분석하는 데서 시작해 보라.

예전에 공동구매를 진행하면서 동대문에서 오랜 세월 동안 사업을 해온 왕도매급 사장님과 나눴던 대화가 떠오른다. 그 당시 나는 패션 관련 페이지를 운영하면서 공동구매에 한창 관심을 가지던 때였다.

"잘 팔릴 물건 좀 골라주세요. 이걸로 같이 기획해서 대박 한번 쳐봅시다, 사장님!" 하고 제안하자, 그분이 이렇게 말했다.

"잘 팔릴 물건 고르는 건 그리 어렵지 않습니다. 이미 불티나게 팔리고 있는 것 보고 따라 만들면 됩니다. '잘 팔릴 것 같다' 싶어 무작정 만들어 보는 건 말 그대로 도박이구요."

제품 제작도 마찬가지다. 굳이 나서서 마루타가 될 필요가 없다. 시간과 비용을 아끼고 시행착오를 줄이기 위해서는, 그냥 이미 잘 나가고 있는 녀석을 따라가기만 해도 충분하다.

150만 팔로워의 페이지들을 직접 운영하면서 참 신기했던 건 반응 좋은 콘텐츠들이 시간에 따라 그 트렌드가 계속 바뀐다는 것이었다. 어떤 때는 게시물에 인기 있는 연예인들만 다루면 조회수가 무조건 폭발하는가 하면, 일반인이 등장해야 높은 관심을 끌어내는 때도 있었다.

또 패션 쪽 게시물은 얼굴 없이 목부터 발끝까지만 나오게 해서 코디만 딱 보여줘야 반응이 나오던 때도 있었다.

이렇게 트렌드가 빠르게 바뀌고 사람들의 기호가 급변하는 사회에서 모방력은 더욱 필수 스킬이 되어 가고 있다. 그러니 높은 조회수를 목표로 SNS콘텐츠를 제작하기 위해서는 의도적으로 더 많은 SNS플랫폼을 활용하고, 거기서 인기 있는 게시물들을 수시로 체크할 필요가 있다(이것을 일이라 생각하지 말고, 정말 즐겨야 제대로 보이기 시작할 것이다).

최근에는 플랫폼들 속 빅데이터 기술이 보편화되면서 내가 '좋아요'를 누른 게시물과 비슷한 게시물들을 알아서 큐레이션해서 보여준다. 나 역시 좋은 광고 콘텐츠의 트렌드를 알기 위해 나에게 뜨는 광고콘텐츠를 거의 다 살펴보고, 일부러 '좋아요'를 더 많이 누른다. 계속 나에게 광고를 '보여 달라'고 말이다.

잘 터지는 SNS콘텐츠를 만들고 싶다면 이것도 하나의 작은 공부라 생각하고 나처럼 해보자. 광고글들에 '좋아요'를 꾹꾹 눌러본다. 어느 순간부터 '아, 이런 게 좋은 콘텐츠구나!' 하는 느낌이 오면서, 공유와 댓글수가 엄청난 광고글과 반응이라곤 1도 없는 게시물의 차이가 무엇인지 확실히 알게 된다.

• 필자가 운영해온 페이스북 페이지들

〈그림 1-1〉 '뭐 입고 나가지?'
페이스북(40만 팔로워)

〈그림 1-2〉 '뭐 입고 나가지?'
카카오채널(40만 팔로워)

〈그림 1-3〉 '웃싸몰'
페이스북(26만 팔로워)

〈그림 1-4〉 '솔로탈출'
페이스북(15만 팔로워)

비단 SNS콘텐츠뿐 아니라 홈페이지에 담을 문구나 광고 카피 같은 것도 그런 방식으로 접근하면 어렵지 않다.

당장 길거리에 나가서 여기저기 배너에 걸려 있는 게시물들이나 제품포장지에 적혀 있는 문구들만 봐도 따라 할 내용들이 넘

쳐난다. 나가기 귀찮은 사람이라면 그냥 네이버 메인 화면만 열어봐도 숱한 카피들이 당신에게 어필하고 있다.

당신이 어떤 글을 클릭할 때는 분명히 무언가 제목에서 끌림이 있었을 것이다. 그 끌림을 유발한 카피, 그것이 바로 당신이 모방하면 되는 카피 문구다. 얼마나 쉬운가. 어차피 촌철살인 수준의 특별한 카피는 우리의 영역이 아니니 차라리 그냥 쉽고 빠른 길을 가자.

이미 세상에는 전문가들이 고심을 담아 잘 만들어놓은 멋진 문구들이 너무나 많다. 우리는 이런 것들을 참조하여 내 사업에 맞게 잘 튜닝해서 사용하기만 하면 된다.

# 04

## 콘텐츠 제작에
## 도움되는 팁들

우리는 계속해서 온라인마케팅에서 콘텐츠가 얼마나 중요한지에 대해 공부하고 있다. 이제 마지막으로 소소한 몇 가지 팁들을 알려주려고 한다.

여기까지 왔지만 아직도 콘텐츠에 대해 어려워할 사람들을 위해 조금이나마 첫걸음을 쉽게 뗄 수 있게 도와주고 싶은 마음에서다. 이 팁들만 알면 제일 막막하게 여겨졌던 문제가 풀리기 때문에 어떻게든 스타트를 끊을 수 있다.

## 1) 단 한 사람에게 이야기해 주듯이 글을 써보라

내 제품을 샀으면 하는 불특정 다수의 잠재고객을 떠올리며 글을 쓰려고 하면 쉽게 써지지가 않는다. 그럴 때는 가상의 인물을 한 사람 떠올린 후 그 사람에게 설명해 준다고 생각하며 글을 써보자. 블로그나 SNS는 그렇게 달필일 필요가 없다. 고객들의 고민과 걱정을 공감하고, 내가 왜 이런 상품을 만들게 되었는지에 대해 그 대상 한 명에게만 조곤조곤 설명하듯이 글을 쓰면 술술 풀리는 걸 경험할 수 있게 된다.

## 2) 한 번에 너무 많은 내용을 담으려 하지 마라

글 하나로 모든 것을 끝내려 하지 마라. 그때그때 떠오르는 일부분에 대해서만 짧게 글을 써도 된다. 오히려 글이 길면 온라인의 특수성을 감안할 때 집중력을 떨어뜨리거나 끝까지 읽지 않고 이탈하는 상황을 만들기도 한다.

가장 좋은 방법은 콘텐츠 소재를 미리 나눠놓고, 스케줄을 잡아 게시물을 꾸준히 올리는 방법이다. 전하고자 하는 내용을 세부적으로 나누고 매일 혹은 정해진 시간에 조금씩이라도 꾸준히 글을 써야 한다. 글이 정기적으로 올라오는 모습은 고객에게 잘 관리되고 있다는 인상을 심어줄 수 있고, 또 콘텐츠 소재가 잘게

나눌수록 하나의 게시글로서의 완성도도 높아진다.

### 3) 카드뉴스 제작지원 사이트를 이용해 보라

온라인상에서 게시글을 작성할 때는 부득이하게 이미지 제작이 필요한 경우가 있다. 포토샵이나 파워포인트에 능숙하지 않은 분들에게는 이 부분이 가장 어렵게 느껴질 수 있다. 그렇지만 걱정할 필요가 없다. 그런 분들을 위한 사이트들이 있으니까.

정말 특수한 맞춤형 콘텐츠가 필요한 기업들만 아니라면 비용도 월 1~2만 원 수준으로 저렴한 이런 사이트들을 이용하라고 추천해 드리고 싶다. 퀄리티도 괜찮고, 저작권 문제도 없어서 개인이 사용하기엔 아주 좋은 조건이다.

최근 유튜브 시장이 활성화되면서 이제는 동영상 템플릿을 지원하는 곳도 생겨나고 있다. 이런 사이트들만 잘 활용해도 최신 트렌드를 반영한 콘텐츠를 제작하기에는 전혀 부족함이 없다.

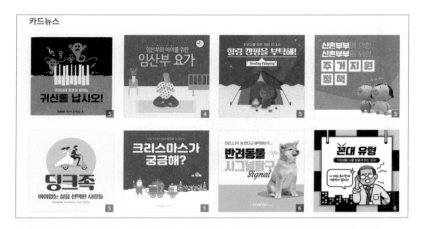

〈그림 1〉 망고보드의 카드뉴스 템플릿들. 마음에 드는 디자인을 고르고 문구만 바꿔서 쓰면
된다.

〈그림 2〉 타일(tyle.io)의 메인화면. 이 사이트는 동영상 템플릿도 지원한다.

〈그림 3〉 타일(tyle.io)에서 실제로 카드뉴스를 만드는 모습. 직접 해 보면 정말 간단하다.

이번 장을 통해 좋은 콘텐츠의 중요성에 대해 충분히 이해했을 것이라고 본다. 우리는 수없이 점검해야 한다.

우리가 밤새 고민하며 만든 콘텐츠가, 혹은 대행사에서 만들어준 콘텐츠가, 내가 겨냥한 타깃이 아닌 엉뚱한 곳을 향하고 있는 건 아닐까? 그들의 마음을 대변하고 그들의 고민거리를 이야기하고 있는 게 아니라 그냥 일방적으로 내 이야기만 하고 있는 건 아닐까? 지루한 자랑거리를 계속 늘어놓으며 오히려 고객들의 지갑을 더 꽁꽁 닫게 만드는 바람놀이를 하는 건 아닐까…….

해야 할 게 한두 가지가 아니라고 너무 절망하지 않기를 바란다. 문제점도 알았고, 무엇부터 시작해야 하는지도 알아가고 있지 않은가. 진짜 큰 문제는 알면서도 안 하거나 아예 알려고도 안

하는 경우이다.

지금까지 배운 내용대로 하나씩 도전하다 보면 어느새 많이 달라진 자신을 발견하게 될 것이다. 힘내자, 이제 한 챕터 남았다!

지금 내가 하고 있는 사업에서 성공하고 싶다면,
다른 경쟁업체들을 이기고 싶다면,
일단 측정부터 시작하라.

측정
불가 → 관리
불가 → 개선
불가

측정?

online
marketing

# 01

잘못을 알아야
고친다

"측정이 의미하는 바는 잘못된 것에 대해 인정하고 고칠 수 있도록
하는 것이다. 매스미디어 광고는, TV 광고건 인쇄 광고건 모두 감정
과 기교에만 관심이 있지, 잘못을 고치는 문제에는 관심이 없다."

―세스 고딘, 〈보랏빛 소가 온다〉 중에서

얼마 전 '오지의 마법사'라는 예능 프로그램에서 재밌는 장면
을 보았다. 우리나라 연예인들이 외국에 가서 실제로 그 여행지
의 문화를 체험해 보는 프로그램인데, 그날은 주인공들이 '양치

기'를 경험했다. 주인은 그들에게 숙제를 냈다.

"양이 총 몇 마리인지 한번 세어보세요."

그들은 우왕좌왕 열심히 양을 세어봤지만 아무리 머리를 써도 자꾸만 틀렸다. 눈 깜짝할 사이 문으로 우르르 떼 지어 나가는 양들을 정확하게 세기란 시청자인 내가 봐도 너무 어려워 보였다.

그렇게 도저히 안 되겠다 싶어 포기할 때쯤 주인이 직접 양의 수를 세는 시범을 보였다. 그는 한 번에 "양은 00마리입니다."라고 정확히 숫자를 맞혔다. 출연진들은 너무 쉽게 그 많은 양을 다 세는 주인의 모습에 깜짝 놀랐다. 그때 주인이 한 말이 내게 꽤나 깊은 인상을 주었다.

"양을 관리하는 데 있어서 가장 중요한 일은 바로 양의 수를 세는 일입니다."

이번 장에서 하려고 하는 이야기가 바로 이에 관한 것이다. 장사를 하는 사람이라면 반드시 세어봐야 한다. 내가 들인 돈에 대해 나타나는 결과치를 말이다. 그 부분에는 관심 없고 그저 많이 파는 데만 정신이 팔려 있다면 기본이 안 되어 있는 셈이다.

양이 몇 마리인지도 모르면서 양을 치겠다고? 그분 말처럼 제대로 된 주인 노릇은 양이 몇 마리인지 정확하게 셀 수 있을 때부터나 가능한 일이다. 매일 한 마리씩 새어나가는 양이 있다는 걸 알지도 못하고 목자노릇을 하다가는 결국 빈 울타리 앞에 망연자실할 일만 남게 될 것이다.

　나에겐 이렇다 할 대단한 취미는 없지만 시간이 날 때면 한번씩 바둑 두는 것을 즐기는 편이다. 바둑은 집이 많은 사람이 이기는 게임이다. 대마도 쫓고 전투도 하지만 결국은 집이 많은 사람이 이기는 게 바둑이다. 바둑에서는 실력이 늘면 늘수록 집을 세는 능력이 중요해진다. 아직 완성되지 않은 모양을 보고도 그 집이 어느 정도 날지 잘 예상해서 계속 셈을 해야 한다. 프로들의 바둑은 반집 차이로도 승패가 나뉘곤 하니 집을 잘 세는 능력이 얼마나 중요한지 모른다.

　바둑용어 중 '형세판단'이라는 것이 있다. 이는 말 그대로 그 시점에 바둑의 형세가 어떤지를 판단한다는 뜻이다. 나의 집이 50집이고 상대방의 집이 70집 정도 된다면 많이 뒤지고 있으니 무리수를 던져서라도 싸워야 하는 거고, 반대로 내가 많이 이기고 있으면 굳이 모험을 걸어 싸울 필요가 없다. 나 같은 사람은 형세판단이 약해서 이미 바둑이 많이 유리한 상황에서도 상대방이 침입하면 무조건 잡으려 공격태세를 취하는데, 그러니 만년 하수를 벗어나지 못한다. 바둑에서 고수가 되려면 양치기가 양을 잘 세야 하듯, 나와 상대방의 집이 어느 정도씩 있는지를 잘 세야 한다.

어느 바둑 행사에서 프로기사 박정환 사범을 초대하여 바둑 팬들과 이벤트성 게임으로 9줄바둑을 진행한 적이 있다.

나는 옆에서 그가 바둑 두는 것을 보며 깜짝 놀랐다. 많은 분들과 바둑을 둬야 하는 행사이다 보니 10초에 한 수씩 두는 초속기 대국을 했는데, 초읽기 시계가 정신없이 초를 읊어대는 와중에도 그는 계속해서 몇 집 차이가 나는지를 정확하게 맞혔다. 사회자가 "지금 몇 집 차이가 나고 있어요?" 하고 물으면 "두 집 정도 유리해요."라고 정확히 맞히는 것이었다. 그리고 대국이 끝나고 계가를 하면 그의 말대로 정확하게 두 집 차이가 났다.

그는 일류 프로의 클라스를 보여주듯 시합이 아닌 10초의 초속기 이벤트 대국에서도 습관적으로 형세를 정확히 판단해 갔다. 자신이 몇 집을 앞서고 있는지, 몇 집이 부족한지를 정확히 알고 있기 때문에 그는 판을 장악할 수 있었다. 불리할 때는 과감한 흔들기 공격을 통해, 유리할 때는 견조한 수비를 통해 판을 이끌어가고 상황에 맞는 전략을 짰다.

그가 수년째 승승장구하여 탑 랭킹을 사수하는 것도 이러한 형세판단의 실력이 탄탄히 밑받침되고 있기 때문이다.

'이기고 싶다'면 무엇보다 중요한 건 바로 '측정'이다. 이 이야기를 위해서 내가 좋아하는 바둑 이야기도, 양치기 이야기도 끌고 왔지만 핵심은 그것이다. 지금 내가 하고 있는 사업에서 성공하고 싶다면, 다른 경쟁업체들을 이기고 싶다면, 일단 측정부터 시작하라.

내가 마케팅에 들인 투자가 얼마인지 기록하고, 그에 따른 결과는 어느 정도인지 꾸준히 체크해야 한다. 측정이 안 되면 관리가 안 되고, 관리가 안 되면 개선이 안 된다. 개선이 안 되면? 다음 말은 차마 잇지를 못하겠다.

세스 고딘은 '잘못을 고치기 위해서는 측정을 해야 한다'고 말했다. 측정이 중요한 것은 지금 우리가 잘하고 있는지, 잘못하고 있는 게 무엇인지를 끊임없이 확인하기 위해서다.

잘 된 것은 더 잘하고, 잘못된 것은 바로바로 고쳐야만 상황이 나아질 수 있다. 오늘은 광고비가 얼마나 나갔고, 그에 따라서 문의는 어느 정도 왔고, 문의 대비 실제 고객으로 전환된 건 어느 정도이며, 매출 총액은 어땠는지, 구매전환으로 이어지지 못하고 로스로 잡힌 분들은 어떤 이유로 주로 이탈했는지도 다 체크해야 한다. 이런 이야기를 하면 운영을 잘하고 있는 분들은 "아니, 그런 걸 점검하지 않는 곳도 있나요?" 하고 놀라지만, 놀랍게도 그런 분들이 많아도 너무 많다.

　"몇 개나 팔았어? 10개 팔았다고? 응 잘했네."

　이렇게 판매량을 측정했다고 한다면 할 말이 없다. 유감스럽게도 이건 측정이 아니다. 이런 식으로만 체크를 한다면 말 그대로 밑 빠진 독에 물 붓듯 마케팅 비용지출을 하고 있을 가능성이 크다. 최소 비용으로 최대 효과를 내는 마케팅을 하려면 일단 마케팅의 어느 파트에 투자했을 때 가장 효율이 나는지를 먼저 알아야 한다. 각 마케팅 채널 별로 투입되는 금액과 그에 따른 각각의 매출 연관관계들을 계속해서 측정하다 보면, 나의 사업에 가장 잘 맞는 마케팅 채널을 찾을 수 있게 되고, 비로소 선택과 집중을 통해 마케팅의 효율을 극대화할 수 있게 된다.

# 02

## 측정이 빠진
## 마케팅의 결말은?

우리는 앞 장에서 그런 이야기를 했다. 유입량을 늘려야 매출이 오르고, 유입량을 늘렸다면 그들을 구매전환으로 이어지게 해야 매출이 더 오른다고. 그런데 유입량이 얼마나 늘었는지, 유입된 사람들 중 몇 퍼센트나 구매로 전환되었는지는 어떻게 알 수 있을까?

그렇다, 바로 측정을 통해서다. 이 부분을 별로 대수롭지 않게 여기며 그저 '손님만 많이 오면 그만'이라고만 외친다면 심각한 문제들을 야기할 수 있다. 이 장에서는 나의 실제 사례들을 통해 그 중요성을 이야기하고자 한다.

초창기에는 나도 참 실수가 많았다. 한 번은 고객의 DB를 모아주면 한 건당 5,000원을 받기로 하고 페이스북을 통해 아르바이트를 한 적이 있었다. 자격증을 홍보하는 업체였는데, 여러 자격증들 중 무엇이 되었든 고객이 관심 있다고 상담신청을 남기기만 하면 그 건수만큼 비용을 지급받는 구조였다. 페이스북 초창기에는 유기적 도달률 자체가 지금과 많이 달라서 게시글 하나만 잘 올리면 수만 명에게 도달하는 건 일도 아니었다. 나는 당시 내가 운영하던 페이지로 홍보하기가 좀 더 수월해 보이는 '반려동물관리사'라는 자격증을 선택했다.

그리고 어떻게 상담신청을 남기게 할까 고민하다가 "아무래도 귀여운 동물사진을 올려놓으면 사람들이 '좋아요'를 많이 누르겠지? 그리고 그 사진들을 여기저기 공유하면 많이 확산될 거야!" 하는 결론을 냈고, 인터넷에 돌아다니는 귀여운 동물사진들을 찾기 시작했다. 사진과 함께 '이걸 보고 심쿵하는 사람은 이 자격증을 가질 만한 분!' 같은 카피로 글을 작성한 뒤 맨 아래에 상담신청을 남기는 URL을 남겨두었다. 이 글은 그날 4만 명 이상에게 도달했고, 나는 하루 만에 200만 원 이상의 수익을 얻었다.

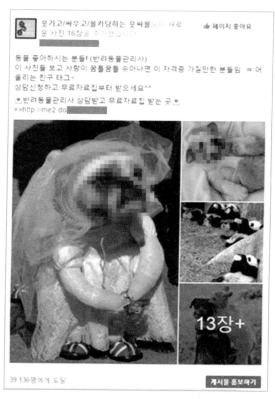

〈그림 1〉 어리숙하던 시절 페이스북을 통해 자격증 관련
CPA 홍보를 했던 게시물

그런데 이 업체에서는 한꺼번에 이렇게 많은 DB가 들어와 본
적도 처음이었지만, 전화 상담을 다 돌려보고는 이만큼 질이 나
쁜 DB도 처음이라고 했다. 상담신청에 남긴 번호로 자격증 교육

과정에 대해 안내전화를 하면 그냥 끊거나 듣기 싫다며 화를 내기 일쑤였다고 했다. 페이스북의 특성상 전혀 관심도 없던 이들이 단순히 귀여운 동물사진만 보고 충동적으로 신청을 남겼던 것 같다.

슬프게도 나는 저 게시물 하나를 쓰고 해당 업체로부터 이제 그만 광고해 달라는 연락을 받았다.

'이제부터 페이스북을 통한 홍보는 인정하지 않습니다.'라는 배너 공지와 함께.

한마디로 시원하게 까인 셈이다. 지금 생각해 보면 웃음만 나오는 일이지만, 나름대로 큰 교훈을 얻은 경험이었다(이 경험을 통해, 나는 일을 할 때 상대방이 정말로 원하는 바가 무엇인지를 정확하게 알고 시작하는 것이 얼마나 중요한지를 배우게 되었다).

저런 방식의 광고계약을 흔히 CPA라고 한다. 'Cost Per Action'의 약자인데, 고객의 특정 반응에 따라 비용을 지불하는 합리적인 광고방식 중 하나이다. 저렇게 상담신청을 남기고 그 건수에 따라 비용을 책정하고 진행하는 방식이 가장 보편적인 CPA 형태다. 아무래도 확실한 가망고객을 모집한 만큼만 비용이 나가는 합리적인 구조이다 보니 내부에 고객응대시스템이 훌륭한 곳은 이런 방식을 선호하는 경우가 많다. 이에 대해서는 다음 장에서 좀 더 자세히 설명하도록 하겠다.

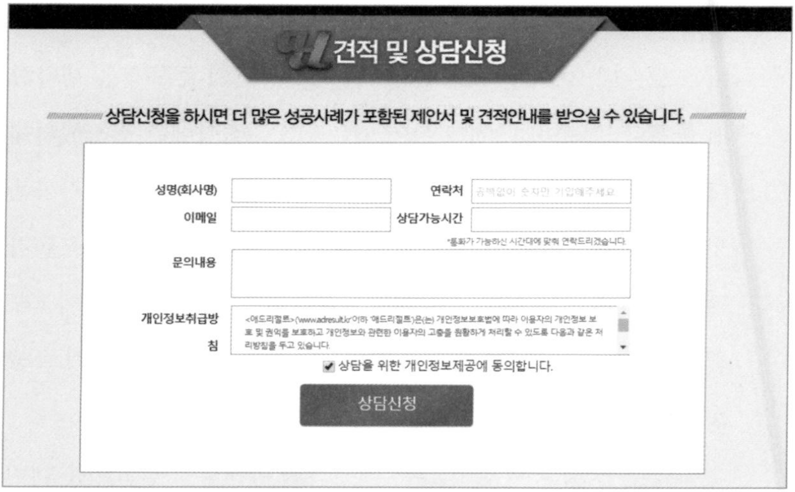

〈그림 2〉 애드리절트 홈페이지 하단부의 상담문의 입력화면. 홈페이지에 이런 형태의 상담신청 폼을 만들어두면 업무 시간 외의 **DB** 유입을 덜 놓칠 수 있고, 외부 마케터와 **CPA** 마케팅 계약을 맺을 수도 있다.

다행히 나에게 CPA 마케팅 첫발을 내딛게 만들어준 그 자격증 업체는 매우 훌륭한 DB관리 솔루션을 가지고 있었다. 그들은 단순히 관심고객의 정보만 체크한 것이 아니라 그 DB 하나하나가 어떤 채널을 통해 들어왔는지, 어떤 마케터의 광고로 유입되었는지까지도 꼼꼼하게 체크하고 있었다.

덕분에 DB 유입량은 비정상적으로 폭증하면서도 실질적인 매출은 전혀 증가하지 않았던 당시의 상황을 빠르게 파악할 수 있었다. 문의를 남기고 자격증 교육까지 신청을 해야 진짜 매출이 오르는데, 마케팅 초보였던 나는 그 광고의 주목적을 생각하지 못했다. 단순히 나에게 돈이 되는 DB 수집량에만 집착했기에 나에게 지불되었던 CPA 마케팅 비용만 놓고 보면 낭비에 가까운 헛광고비였을 수도 있다. 그러나 다행히 그들은 측정 도구를 가지고 있었고, DB 유입부터 DB의 질까지 구체적으로 잘 체크하고 있었다. 덕분에 그들은 해당비용을 유의미한 광고경험치로 승화시킬 수 있었다.

그들은 충동적 유입이 많은 페이스북 마케팅이 광고비용 대비 효율이 매우 떨어진다는 것을 알았고, 결국 페이스북 마케팅은 현 상황에서 배제해야겠다는 판단을 내린 것이다. 측정을 한다는 것은, 이처럼 실패를 해도 원인을 파악하고 대책을 세울 수 있는 중요한 토대가 된다.

또 한 번은 대출과 관련된 사이트를 광고한 적이 있다. '대출 직거래 사이트'라고 이름을 짓고 다음(daum)에서 '대출'을 검색하면 수많은 사이트 중 1등으로 나오게 만들어두었는데, 유입량이 엄청 늘긴 했으나 직접적인 실적으로는 전혀 이어지질 못했다.

대체 이유가 뭔가 싶어서 그 업체 사장님 대신 궁금한 마음에 내가 직접 체크를 해 보았다. 링크를 타고 들어가자, 대출직거래 사이트라더니 막상 내용은 직거래와는 전혀 관련 없는 은행대출 상품을 홍보하고 있었다. 나조차도 '이거 내가 잘못 들어왔나?' 하고 나갔다가 다시 찾아들어 왔는데, 아마도 그런 생각으로 이탈되는 게 대부분이었던 것 같다. 게다가 그나마 사이트에 머물며 천천히 콘텐츠를 살펴보던 사람들도 결국 하단부에 있는 상담 신청 부분이 너무 불편하게 되어 있어서 입력하다 말고 중도 이탈이 많았다. 500명이나 들어왔는데 상담문의가 5통도 안 되었던 건 내부세팅이 엉망인 상황에선 어찌 보면 당연한 결과였다.

상황이 이런 데도 측정을 하지 않았다면 어떻게 되었을까? 왜 이런 현상이 벌어지는지 파악도 못한 채 마케팅 비용만 무의미하게 계속 지출되었을지도 모른다.

이 업체는 들어오는 고객에 비해 전환율이 낮은 이유가 무엇인지 파악하는 과정에서 '내부세팅' '내부광고'에 우선적으로 신경을 써야 한다는 사실을 캐치할 수 있었다. 나는 이 업체에 측정 결과를 토대로 전환율을 올리는 데 집중한 내부세팅을 건의했고, 이후에 확실히 비용 대비 마케팅 효과가 좋아졌다.

사업이 망하는 이유에는 여러 가지가 있겠지만, 겉보기에 잘 되는 것 같아도 중요한 요소들의 측정을 생략한 채 앞만 보고 달리다 황당하게 망하는 경우도 많다.

물건을 파는 쇼핑몰이라면 지금 내가 팔 수 있는 수량이 얼마인지를 알아야 하고, 홈페이지 제작 같은 서비스사업이라면 지금 내가 몇 개 정도의 작업을 더 받을 수 있는지를 꼭 알아야 한다. 이런 기본적인 부분도 컨트롤되지 않은 상태에서 홍보에만 몰두하다가는 당신도 내가 겪었던 최악의 악몽을 경험하게 될지도 모른다.

그날의 광고는 말 그대로 대박 성공이었는데, 나는 그 광고 덕분에 죽을 때까지 들어야 할 모든 욕을 며칠 동안 다 듣고 말았다. 몇 해 전 겨울, 한국이 예년에 비해 점점 추워지고 있다는 소식이 뉴스를 강타하면서 사람들은 너도나도 겨울맞이 준비에 나섰다. 그때 내가 운영하던 페이지로 여자패딩 공동구매 제안이 왔다. 평소 늘 광고만 하다가 재밌을 것 같아서 미팅을 하고 처음으로 직접 공동구매를 진행해 보게 되었다.

당시 나는 팔로우가 각각 40만 명씩, 도합 80만 명의 '뭐 입고 나가지?'라는 페이스북 페이지와 카카오스토리를 운영 중이었다. 그곳에다 하나에 4만 원 중반 정도하는 Zara 스타일의 여자

패딩 공구글을 올렸다. 글이 올라가자마자 3시간 동안 입금 문자 알림만 1,000개가 넘게 들어왔다. 두 채널을 통해 주문이 쏟아져 들어오기 시작했다.

최종적으로는 3,000개의 주문이 들어왔는데, 문제는 이때부터였다. 너무 기분이 좋아서 콧노래를 흥얼거리며 공급업체에 전화했더니 우리가 팔 수 있는 수량은 겨우 360개라는 게 아닌가. 주문은 3,000개가 들어왔고, 이미 입금된 사람만 1,000명인데 이걸 정말 어찌해야 할지 눈앞이 캄캄했다. 결국 물량을 중국에서 추가 제작해서 보내긴 했지만, 늦어지는 배송과 예상치 못한 대량고객에 대한 미흡한 응대로 고객들의 클레임이 폭발했다. 진짜말 그대로 육두문자부터 시작해서 생전 처음 들어보는 욕까지 온갖 욕이란 욕은 다 먹은 몇 주였다. 처음부터 360개 한정이라 하고 시작을 했어야 하는 공구였는데, 재고량이라는 개념은 아예 생각조차 못한 셈이다.

애당초 내가 얼마나 팔 수 있는지도 체크하지 않은 상태에서 무턱대고 광고를 한 것이 결국 그런 큰 화를 불러왔다. 측정이 얼마나 중요한지 좀 느껴지는가. 나는 측정의 중요성을 조금이라도 더 피부로 와 닿게끔 전달하고자 부끄럽지만 초창기의 흑역사까지 동원했다. 지금은 그런 쓴 경험들로 인해 측정의 중요성을 몸으로 익히게 되었음을 감사하지만, 그때의 충격만큼은 영원히 잊지 못할 것이다.

내가 관리하는 한 병원은 내부적으로 병원관리 프로그램을 통해 그날 발생한 매출에서 재방문 환자와 신규환자를 구분하고, 신규환자들의 내원경로까지 구체적으로 분석한다. 예를 들어 신규환자가 인터넷을 보고 왔다고 하면 "어떤 포털에서 어떤 단어로 저희 병원을 검색하셨나요?" 하는 질문까지도 한다고 한다.

과연 연일 최고 매출 기록을 갱신하는 병원다웠다. 이런 것을 디테일하게 체크할 줄 알 때 비로소 매출을 올리기 위한 답을 얻을 수 있다. 측정이 빠진 마케팅의 결말은 결국 비극이란 것을 잊지 말자!

# 03

## CPA 광고를
## 내 사업에 적용하기

    이번 장에서는 누구나 자신의 사업에 CPA 방식의 온라인마 케팅을 적용해 볼 수 있는 방법을 소개해 보려고 한다. 앞 장에서 CPA 방식이 어떤 식으로 비용이 지불되는 광고인지에 대해서는 간단히 설명했다.

    그렇다면 그런 CPA 방식의 광고를 어떻게 내 사업에 적용할 수 있을까? 전문적으로 여러 사업체의 DB를 모아주는 전문CPA 대행사에 의뢰할 게 아니라면, 누구나 쉽게 구글 설문지와 네이버 오피스를 이용하여 무료로 진행할 수 있다. 우선 왜 내 사업에 직접 CPA 마케팅 구조를 세팅해 두는 것이 중요한지부터 알아보자.

CPA 방식의 광고는 유입된 DB만큼만 비용을 지불하는 방식이기 때문에 DB(상담신청을 남긴 고객정보 등) 중심으로 사업을 전개하는 분들에게는 정말로 매력적이다. 마케터 입장에서도 확실하게 유입된 DB에 대해 계약대로 비용만 잘 처리해 주는 업체라면 스트레스 없이 업무를 진행할 수 있어 효율적이긴 마찬가지다. 내가 많이 하면 많이 받아가고, 적게 하면 적게 받아 가면 되니 월 단위 성과보장 형태의 계약보다는 심리적 압박에서 훨씬 자유롭다.

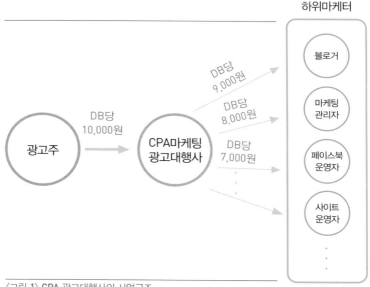

〈그림 1〉 CPA 광고대행사의 사업구조

보통 CPA 마케팅 대행사들은 DB 마케팅에 있어서 중요한 중개역할을 한다. DB가 필요한 사업주에게는 합의된 비용으로 DB를 제공해 주고, 블로거들이나 사이트운영자, 일반마케팅대행사 등 괜찮은 광고매체나 기술을 보유한 마케팅파트너들에게는 광고주를 만날 수 있는 기회를 준다. 광고주가 필요한 마케터들은 CPA 마케팅대행사의 사이트에 접속해서 광고주 리스트 중에 DB 단가가 높고, 내가 잘 할 수 있을 것 같은 광고를 골라서 진행하면 된다.

그런데 업계에서 실력이 검증된 마케터들은 의외로 CPA 사이트에 있는 광고주들의 광고를 잘 맡으려 하지 않는다. 그들은 왜 스트레스도 적고 합리적인 구조의 CPA 광고대행을 하지 않으려고 하는 걸까?

일단은 CPA 사이트에 있는 업종들은 하나같이 엄청나게 경쟁이 심한 것들이다. 개인회생, 대출, 여성수술, 남성수술, 다이어트 등 가장 경쟁도 높은 업종들만 가득하다. 자칫 잘못하면 DB 판매 수입보다 집행되는 실광고비가 훨씬 많이 깨질 수도 있는 구조라 매우 조심스럽다. 그리고 여전히 많은 소비자들이 상담신청을 남기기보단 바로 전화를 하는 경우가 많기 때문에 마케터 입장에서는 홍보는 실컷 해주고 비용은 고객이 입력한 DB만큼만 받는 구조를 불편해하는 면이 있다.

게다가 실컷 광고를 했는데, 그 광고주가 CPA 대행사와 계약을 종료하거나 내용이 변경될 경우 이미 광고했던 게시물들과 자료들을 전부 다시 수정하거나 날려 버려야 하는 리스크도 있다. 자기의 잘못과는 상관없이 오직 외부적인 요인에 의해 마케팅을 종료해야 하는 경우도 종종 발생한다. 이런 구조가 맘에 들지 않아서 CPA 방식은 진행하지 않으려는 고수 마케터들이 많다.

반대로 사업주 입장에서는 CPA 마케팅대행사와 거래할 경우 허위 DB나 무효 DB에 대해서도 어느 정도는 강제로 인정을 해 줘야 하는 부담이 있다. 예를 들어 50개의 DB가 들어왔는데, 그 중에 너무 말도 안 될 만큼 이상한 DB가 35개라 치면, 그래도 25개(50% 최소보장)는 무조건 인정을 해줘야 하는 구조다. CPA 마케팅대행사에게 중요한 건 무엇보다 실력 있는 마케팅파트너를

● CPA 광고사이트도 일종의 광고대행사이다. 그들이 광고주들로부터 CPA 형태로(관심고객 DB를 모아주고 DB당 일정 비용을 지불하는 방식) 광고 계약을 받아서 자기네가 계약한 단가보다 조금 낮게 올려놓으면, 광고꺼리를 찾는 마케터들이 그중 맘에 드는 광고일을 선택하여 광고를 진행한다. DB가 많이 모일수록 해당 사이트는 광고주로부터 더 많은 수익을 받기에 전체 매출도 늘어나는 구조이다. CPA 사이트들은 그래서 실력 있는 마케터를 최대한 더 높은 단가로 대우해 주면서 특별관리한다.

많이 확보하는 일인데, 그들은 DB 수량을 인정해 주지 않으면 바로 그 사이트를 떠나 다른 CPA 사이트로 이탈해 버린다. •

그들을 잡기 위해 CPA 마케팅대행사들은 보통 최소 50% 이상의 승인율을 보장해준다. 일반적으로는 문제가 없지만 사업주 입장에서 너무 질 낮은 DB들이 많이 들어올 경우에는 최소승인율 보장제 때문에 CPA 형태의 광고비 지출이 오히려 더 부담스러울 수도 있다.

〈그림 2〉 CPA 마케팅대행사가 운영하는 사이트. 마케터는 저렇게 머천트(광고주)리스트에서 광고주를 골라서 광고를 진행하면 된다.

〈그림 3〉 마케터는 자기가 모아온 DB 수량을 볼 수 있고, 그에 따른 현재의 내 수익금을 확인할 수 있다.

　　개인적으로 CPA 광고 방식 자체는 사업주와 마케터에게 매우 합리적인 방식이라고 생각한다. 그러나 위에서 언급했듯이 CPA 전문대행사를 끼고 진행할 경우에는 그 이점이 꽤 줄어든다. 대행비가 붙기 때문에 비용적으로도 만족도가 그만큼 떨어지고, 사업주와 마케터가 직접 만나 커뮤니케이션을 하는 게 아니다 보니 최상의 광고 콘텐츠가 나오기도 어렵다. 자칫 사업주 입장에서는 CPA 대행사 소속의 이상한 마케터가 눈살이 찌푸려지는 어뷰징성 광고를 할 경우 브랜드에 타격을 입을 수도 있다. 그런 만큼, 기왕이면 나의 CPA 구조를 제대로 만들어 놓고 좋은 마케터들과 직접적으로 제휴를 맺어 가며 DB 수집을 확장해 가는 게 가장 좋은 방법이다.

실제로 유명 대형병원, 대형로펌, 대출업체, 보험영업사 등 DB 마케팅이 활발한 영역의 잘 나가는 1등 업체들은 대부분 내부 CPA 솔루션을 구축한 후에 실력 있는 마케터들을 끌어들여 그들로 하여금 활발한 마케팅을 진행하도록 판을 짜주는 데 필사적인 노력을 다한다. 그러고는 마케터 별로 실력에 맞게 DB의 가격을 각각 정하고, 그들이 활동하는 URL을 따로 구별하고, 수집된 DB들도 각각 어느 마케터에 의한 것인지까지 구분해서 분류한다. 각 마케터별 성과를 정확하게 구분해서 측정하기 위함이다. 그러면 점차 가성비가 높은 파트너와 낮은 파트너를 구별할 수 있게 되고, 그 측정을 토대로 내가 어떤 파트너에게 더 많은 투자를 해야 하는지도 확실히 알 수 있게 되는 셈이다.

그리고 외부 파트너가 아니더라도, 우리 회사가 진행하는 마케팅의 효율에 대해 매체별로 구별해 볼 수도 있다. 보통은 그냥 "총 200만 원어치 광고비를 썼고, 총 10개의 DB가 들어왔다."는 식으로 합계 결론을 낸다. 예를 들어 네이버와 페이스북 광고에 각각 100만 원씩 예산을 잡고 진행을 한다면, 굳이 둘의 결과를 따로 구별해서 측정하지는 않는다는 얘기다. (실은 못해서 이런 경우가 더 많을 것이다.)

그러나 보다 효율적으로 광고를 집행하고 싶다면 훨씬 더 구체적으로 측정해야 한다. 돈은 똑같이 지출했지만 네이버를 통해 DB가 9개 들어오고, 페이스북을 통해서는 1개밖에 안 들어왔을 수도 있는 것 아닌가. 그런 것도 구글 설문지나 네이버 오피스 같은 무료 폼양식을 조금만 이용하면 충분히 채널 별로 성과를 구별해 낼 수 있다.

예를 들어 네이버 쪽 광고를 할 때는 네이버 오피스로 상담입력폼을 만들고, 페이스북 광고를 할 때는 구글 설문지로 상담입력폼을 만들면 된다.

그리고 위와 같이 네이버 오피스 폼으로 9개, 구글 설문지 폼으로 1개가 들어왔다면 답은 뻔하다. 이 사업의 경우는 아무래도 네이버 광고가 더 잘 먹히는 것이고, 당연히 그쪽으로 투자의 비중을 높여야 한다.

예전에는 아주 간단한 폼양식 하나도 쉽게 만들 수가 없어서 유료로 프로그램을 짜서 사용해야 했던 때가 있었다. 그마저도 제대로 작동하지 않고, 잦은 오류로 짜증나는 일도 참 많았다. 지금은 얼마나 좋은가. 구글과 네이버에 가면 얼마든지 무료로 사용할 수 있는 세상이다. 그러나 그때도 측정의 중요성을 인지했던 1등들은 이미 CPA 솔루션을 별도로 개발해서 쓰고 있었던 사실을 잊지 말자. 그만큼 성과를 측정해 가며 사업을 운영해 가는 일은 중요하다는 사실을 명심해야 한다.

〈그림 5〉 네이버 오피스의 폼양식 생성 도구. 네이버 오피스에 들어가면 위와 같은 화면이 나온다.

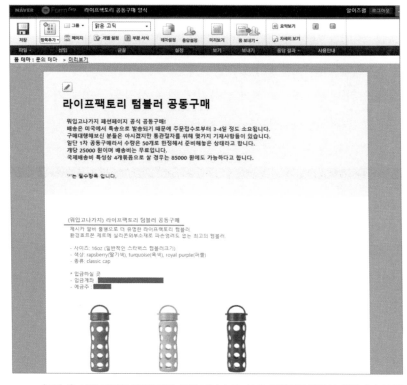

〈그림 6〉 실제 예전에 공동구매를 위해 네이버 오피스로 만들었던 폼양식. 랜딩페이지처럼 상품이나 서비스에 대해 간단하게 소개도 할 수 있다.

〈그림 7〉 네이버 오피스로 만드는 폼. 내가 얻고자 하는 고객의 정보를 그림과 같이 항목별로
설정해 두면 신청을 한 고객들의 DB가 알아서 엑셀 형태로 깔끔하게 정리되어 취합된다.

〈그림 8〉 신청을 남긴 고객들의 입력정보와 유입시간까지 나온다.

〈그림 9〉 구글 설문지 메인 화면. 여기서 구글의 폼양식 서비스를 이용할 수 있다. ('구글 설문지'를 검색해 보라.)

〈그림 10〉 구글 설문지도 네이버 오피스의 폼과 비슷하다. 최근에는 동영상(유튜브링크)과 사진까지도 삽입할 수 있어 더욱 다채로운 활용이 가능하다.

# 04

## CPA 솔루션
## 활용하기

    구글 설문지나 네이버 오피스의 폼양식만으로는 아쉬움을 느끼는 분들도 있을 수 있다. 그래서 전문가를 위한 CPA 솔루션도 하나 덧붙여 소개해 보겠다. 한 가지 사업만을 하시는 분들은 앞 장에서 설명한 오픈 솔루션만으로도 충분하겠지만, 여러 사업체를 다양하게 운용하면서 각각의 DB를 보다 효율적으로 통합관리하고 싶은 분들에게는 적합하지가 않은 게 사실이다. 전문 CPA 마케팅대행사나 마케터들 역시 다양한 광고주의 DB들을 동시에 모으고 있으니 이들에게도 보다 전문적인 솔루션이 필요하다.

〈그림 1〉 디비쉐어 메인 화면. CPA 마케팅을 전문적으로 진행하는 분들을 위한 솔루션

예전에는 그런 전문 CPA 솔루션이 없어서 수천만 원 이상을 들여 직접 개발을 해야만 사용을 할 수 있었다. 그러나 최근에는 디비쉐어 같은 솔루션이 있어서 이전보다 훨씬 저렴한 비용으로 누구나 전문적인 CPA 솔루션을 사용할 수 있게 되었다.

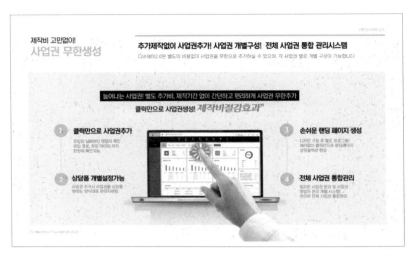

〈그림 2〉 디비쉐어 제안서 중 사업권 생성 화면. 여러 사업체의 DB 관리가 동시에 필요한 분들에겐 최적의 기능이다.

DB 마케팅을 진행하는 사람들 중에는 여러 사업을 동시에 운영하는 경우가 상당히 많다. 어떤 분야든 DB를 잘 모으고 성과를 낼 수 있다는 건, 바꿔 말하면 그만큼 CPA 방식의 효율적인 광고를 잘 한다는 말이기 때문에 사업의 확장이 쉽게 이뤄지기 때문일 것이다. 나는 혼자서 16개의 업체를 DB 모으는 단계부터 판매까지 전담하는 분을 만난 적이 있다. 그분의 고충은 사업이 커질수록 관리가 점점 힘들어지는 이 DB들을 어떻게 하면 최대한 효율적으로 관리할 수 있겠느냐 하는 거였다.

이 사람에겐 디비쉐어 같은 솔루션이 사막 한가운데 있는 오아시스처럼 여겨질 수도 있다. 한 번에 통합관리가 가능해지니 말이다. 게다가 최근 2.0으로 업데이트되면서 수십만 원을 호가하는 랜딩페이지 제작도 내부에서 편리하게 할 수 있도록 기능이 추가되었다. 말그대로 랜딩페이지부터 CPA마케팅을 위한 세팅까지 원스톱으로 해결해 주는 솔루션이 된 셈이다.

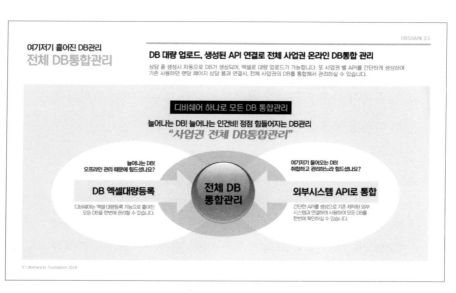

〈그림 3〉 디비쉐어는 이미 만들어진 랜딩페이지에도 **API** 연결을 통해 **CPA** 솔루션을 사용할 수 있게 해준다. 그리고 기존에 모은 디비들도 이 솔루션 안으로 집어넣으면 통합관리가 된다.

고수들은 DB 관리를 효율적으로 하기 위해 홈페이지 제작 단계에서부터 이미 고도의 프로그램을 설계한다. 홈페이지를 한 번 만들고 나면 거기에다 뭔가를 기능적으로 덧붙이는 게 쉽지 않음을 잘 알기 때문이다. 그러다보니 고수 분들도 애초에 홈페이지를 만들 때부터 DB 관리기능을 못 넣은 경우, 아쉽지만 CPA 기능은 어쩔 수 없이 포기해야 하는 경우가 많았다. 그런데 디비쉐어는 기존 랜딩페이지(또는 홈페이지)에도 API 연결방식을 통해 디비쉐어를 연결해서 사용할 수 있게까지 만들어져 있다. 제작비용이 부담스러워 엄두조차 못 냈던 사람들과 이미 랜딩페이지 제작이 끝나서 다시 만들기가 어려운 사람들 모두 이제는 편리하게 CPA 마케팅 구조를 활용할 수 있게 된 셈이다.

\* 참고: 랜딩페이지는 말 그대로 광고를 통해 도달시키려고 하는 목적 웹페이지를 뜻한다. 원래는 홈페이지를 포괄하는 광범위한 의미로 사용되었으나 최근의 마케팅에서는 조금 다르게 이해되기도 한다. 보통 특별한 이벤트나 특별상품을 집중적으로 홍보하기 위해 기존의 홈페이지와는 별도로 한 페이지짜리 웹페이지를 따로 제작하는데 이를 일컫는 용어이다. 예를 들어 A 치과에서 '봄방학맞이 교정이벤트'를 한다면 홈페이지 내부에 하나의 게시글로 올릴 수도 있겠지만, 그렇게 하면 수많은 콘텐츠들 속에 묻히기 때문에 아예 별도로 한 페이지짜리 웹페이지를 따로 만들어 더욱 집중시킨다.

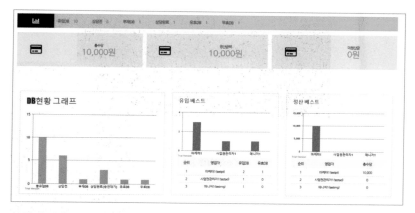

〈그림 4〉 디비쉐어의 통계 대시보드 화면. 마케터들을 실적 별로 순위를 매겨 한눈에 확인할
수 있다.

〈그림 5〉 디비쉐어에서 나의 URL을 만들어주는 게시판. 동일한 도메인주소의 사이트를 홍보
하더라도 아이디 별로 별도의 고유 URL이 부여된다. 마케팅 채널 별로 아이디를 구별해 두면
채널 별 홍보효과를 확실히 구별해서 체크할 수 있다.

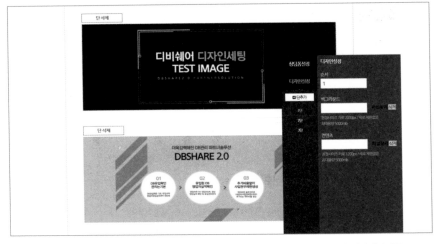

〈그림 6〉 디비쉐어의 랜딩페이지 제작기능. 여기로 들어가면 누구나 간편하게 랜딩페이지를 생성할 수 있다. 디자인 설정이 간편하고, '상담 신청하기'를 만들기 위한 프로그래밍 작업이 필요 없어 편리하다.

네이버 오피스, 구글 설문지 등을 통한 무료 솔루션부터 디비쉐어 같은 전문 솔루션까지 CPA 마케팅을 진행하기 위한 도구들은 많이 있다. 하지만 처음이라 용어도 생소하고, 여전히 어렵게 느껴지는 분들이 많을 듯하다. 그러나 블로그, 페이스북, 파워포인트처럼 몇 번만 사용해 보면 금방 이해할 만큼 쉽게 만들어진 솔루션들이다.

하루만 작정하고 매달려보라. 누구든 할 수 있다. 공부 삼아

무료 폼양식들을 우선 이용해 보면서 CPA 마케팅의 세계를 하루라도 빨리 경험해 보길 바란다.

# 05

## 당하지 말고,
## 이겨내세요!

전설적인 판매왕 조 지라드는 영업에 관한 흥미로운 이야기를 하나 해줬다. 많은 영업인들이 고객들의 거절에 대해 보통 얼마 만에 완전히 포기하는지에 대한 내용이었다. 그에 의하면 한두 번까지는 거의 다 포기하지 않고 도전을 하며, 여섯 번 이상 거절을 당하면 대부분의 영업인들이 완전 포기 상태에 이른다고 한다.

그런데 참 재밌는 사실은, 고객의 입장에서는 여섯 번 이후부터 비로소 그 영업인을 기억하기 시작한다는 점이다. 전설의 판매왕은 이 사실을 잘 알고 있었다. 그 덕에 그는 포기를 몰랐고, 말 그대로 '레전드'가 될 수 있었다.

싸움에서 이기려면 무엇보다 끈기가 있어야 한다. 내가 이 이야기를 하는 건 이번이 마지막 장이기 때문에 용기를 주기 위함이기도 하고, 지금 내가 여섯 번째 챕터를 마무리하고 있기 때문이기도 하다.

나를 찾아오는 분들은 대부분 경기가 안 좋고, 사업 환경이 나빠지고 있고, 마케팅은 점점 더 어렵다고 힘들어한다. 그 심정을 모르는 바 아니다. 나 또한 동일한 어려움을 겪고 있고, 여러 차례 사기까지 당하면서 시행착오도 정말 많이 겪었으니까.

고객의 마음을 여는 일이 어디 말처럼 그리 쉬운가. 그게 쉽지 않으니 엉뚱한 곳에 돈을 쏟아붓기도 하고, 이런 책을 읽으며 답답함을 풀어보려고 노력하고 있는 것 아니겠는가. 하지만 진짜 한번 해 보기로 마음먹었다면 여섯 번 넘어져도 다시 도전해 보자. 조 지라드도 고객의 마음은 그때부터 움직인다고 하지 않았던가.

마지막 장에서는 많은 분들이 광고대행사로 물어오는 궁금한 사항에 대해 답을 해줌으로써 마무리를 해볼까 한다. 광고대행사에게 사기를 당한 사람들이 왜 그리도 많은지, 어디서 광고대행사라고 전화만 오면 또 사기인 거 아닌가 하고 지레 겁을 먹고 물어보시는 분들이 참 많다. 그런데 내용을 들어보면 실제 사기가 아닌데, 잘 모르는 상태에서 덜컥 진행하다 보니 사기로 오해한 경우가 대부분이었다.

〈그림 1〉 모바일마케팅캠퍼스의 마케팅포럼에서 실제로 '대행사에 눈탱이 맞지 않는 방법'을 강의하기도 했다.

작년에는 모바일마케팅캠퍼스에서 아예 '대행사에게 눈탱이 맞지 않는 법'이라는 주제로 강의를 하기도 했다. 모바일마케팅

캠퍼스의 임헌수 소장은 나와 절친이기도 한데, 그가 나에게 "너한테 딱 적합한 주제가 있어!" 하며 추천한 강의 제목이 바로 이것이었다.

광고대행사를 운영하는 친구에게 그런 강의를 요청하다니! 그런데 농담이 아니라 정말로 여러 사장님들이 그런 내용으로 현직 대행사 대표가 솔직하고 진솔한 강의를 해주면 좋겠다고 자기에게 요청을 했다고 했다. 결국 강사와 강의주제가 뭔가 언밸런스한 조합이긴 했지만, 기왕에 하는 거 제대로 도움을 주고자 마음먹고 재밌게 준비했던 기억이 난다.

많은 업주들이 '마케팅 업체들 중 사기꾼이 너무 많다.'고 하지만 사실 대부분은 업주들의 온라인마케팅 이해도가 부족해서 생기는 오해들이다. 어떤 부분에서 주로 오해를 하게 되는지만 알면 당했다는 느낌을 받는 일은 훨씬 줄어들 것이다. 지금부터 몇 개의 사례를 통해 그 내용을 알아보도록 하자.

[사례1]

"사장님, 저희는 공식 광고대행사 〇〇〇입니다. 블로그마케팅 많이 들어보셨죠? 사장님네 경쟁사인 ****가 현재 블로그마케팅으로 엄청 매출 상승중인 건 잘 아실 텐데요. 거길 저희가 관리했거든요. 사장님네도 동일하게 해드릴 건데, 지금 때마침 한 자리가 비어서 한번 연락드려봤습니다. 월 12회 정도 사장님 상품에 대해 전문작가들이 포스팅해 드리구요. 블로그 디자인도 이쁘게 꾸며드리고 이웃관리랑 댓글관리도 잘 해드리니까 몇 달만 하면 거기처럼 블로그마케팅 성과가 나실 거예요! 지금 하시면 프로모션 기간이라 1년 관리 조건에 요금은 10개월치만 내시면 되세요."


이런 블로그마케팅 홍보 전화, 웬만한 업체라면 한번쯤은 받아보았을 가능성이 많다. 이런 전화를 하는 업체는 다 사기꾼인가?

결론부터 이야기하자면 '아니'다. 저렇게 약속을 해놓고 돈을 냈는데 그 약속을 지키지 않고 아무것도 하지 않아야 사기꾼이지, 저 방식 자체가 사기라고 할 수는 없기 때문이다.

그렇다면 저런 전화가 왔을 때 무엇을 확인하고 체크하면 될까? 앞에서 공부했던 것들을 다 동원해서 생각해 보시라. 답을 찾았다면 당신은 만 점짜리 독자이다. 하지만 아직도 문제가 무엇인지 모르겠다면 이 책의 처음으로 돌아가서 다시 정독하기 바란다. 답은 바로 이것이다.

'노출'

그분들이 아무리 현란하게 글을 써준다 해도 사람들에게 보여지지 않는다면 아무 소용이 없다. 따라서 저런 전화를 받게 된다면 이런 질문을 예리하게 던져보자.

"그렇게 포스팅해 주시는 것들이 검색하면 노출도 잘 되나요?"

"일반적으로 어느 정도 시점부터 노출도가 좋아지나요?"

이런 식으로 노출과 관련된 질문을 던지는 것이다. 사례로 든 업체의 상품에는 노출도가 배제되어 있으니 그 부분만 잘 체크하면 된다. '전문작가가 잘 관리해 준다'는 것이 곧 '사람들에게 잘 보여지게 노출해 준다'는 의미가 아니라는 사실을 잊어선 안 된다. 이제 조금은 이해가 됐는가?

그럼, 다음 사례로 넘어가보자.

[사례2]

"변호사님 안녕하세요, 저희는 네이버 공식광고대행사 ○○○ 입니다. 요즘 경기가 안 좋은데 혹시 문의량이 줄어서 걱정이 진 않으신가요? 오늘 네이버 파워링크로 저렴하게 홍보하실 수 있는 방법이 있어 소개해 드리려고 연락드렸습니다. 파워링크 라고 하면 효과는 익히들 아시는데, 클릭당 비용이 많이 나갈 까봐 많이들 망설이잖아요?

그래서 클릭당 비용이 나가는 CPC(Cost Per Click)광고이지만, 저희가 월 고정비 형태로 전환해서 파워링크를 진행해 드리고 있거든요. 쉽게 말씀드리면 월 10만 원 정도로 클릭수 걱정 안 하고 중요 키워드 여러 개를 파워링크로 홍보할 수 있는 거라 고 생각하시면 되세요. 변호사님은 재개발재건축 전문 변호사 님이시니 재개발재건축전문변호사/재건축재개발전문변호사/ 재개발전문변호사/재건축전문변호사로 꾸준히 잡아드리고 3 년 하면 360만 원인데 행사 중이라 240만 원에 진행해 드릴 수 있어요! ^^"

이런 것은 어떤가? 이것 역시 사기가 아니다. 단 잘 체크해야 할 것이 있을 뿐이다. 무엇일까? 여기서도 우리는 똑똑하게 질문을 던질 수 있어야 한다.

"그 키워드들의 조회수가 어떻게 되나요?"

그렇다. 파워링크에 노출이 되면 뭐하는가? 사람들이 검색도 안 하는 키워드에 백날 떠 있어 봤자 마케팅 효과는 제로일 뿐이다. 그리고 하나 덧붙여 설명하자면 저렇게 장기간 단위로 계약하는 것은 가급적 자제하라고 권하고 싶다. 이 변화무쌍한 온라인마케팅 환경 속에서 마케팅 업체가 3년을 못 버틸 수도 있고, 아무래도 장기계약은 시간이 갈수록 관리가 소홀해질 수밖에 없는 약점이 있다. 내가 월 단위 계약을 고집하는 것도 실은 이것 때문이다.

월 단위 계약은 클라이언트에게 좋기도 하지만, 업체인 내 입장에서도 장점이다. 이번 달의 결과가 좋아야지만 다음 달의 계약이 된다고 한다면 어찌 최선을 다하지 않을 수 있을까. 이런 계약 형태가 다소 힘들 수는 있지만 대행사 입장에서도 스스로를 더 타이트하게 쪼여 더 나은 성과를 끌어내는 데 도움이 되고, 이는 곧 좋은 포트폴리오가 되어 회사의 성장에 필요한 거름이 될 수 있다.

이 외에도 대행사에 대해 의심스러운 사기와 눈탱이 등등의 염려들이 있을 것이다. 그러나 위에서 설명했듯 대부분 그런 일을 당하는 이유는 냉정하게 보면 '내가 잘 모르기 때문'인 경우가 더 많다.

매출은 안 나고 다들 마케팅을 해야 돈을 벌 수 있다고들 하니 그게 뭔지 몰라도 일단 한번 해 봐야겠다는 생각으로 성급하게 시작하기 때문에 그런 일이 생긴다.

"그냥 믿고 맡길 테니 알아서 잘해주세요." 하는 건 이미 신뢰가 구축된 파트너에게만 할 수 있는 말이다.

마케팅은 어렵다. 그중에서도 온라인마케팅은 더욱 복잡하다. 트렌드도 자주 바뀌고 그에 따라 고객들의 기호도 종잡을 수 없이 빠르게 변한다. 하지만 확실한 것은 늘 '진심'은 통한다는 사실이다. 그리고 '노력'은 우리를 배신하지 않는다는 점이다. 최선을 다해 나의 상품을 발전시키고, 꼼꼼하게 내부를 관리하고, 부지런히 측정해서 나의 부족과 강점들을 찾아내자. 잘 모르는 건 전문가에게 맡겨도 된다. 어떻게든 시작을 해 보라. 그리고 꾸준함을 발휘해 보라. 그러다 보면 언젠가는 웃게 되리라 확신한다.

고등학교에서 아이들만 가르치며 상업적인 경험은 한번도 못해 왔던 나도 해냈는데, 당신이 못할 리가 없다.

여러분이 가진 좋은 제품과 메시지들을 세상에 알리는 데 이 책이 도움이 되었길 진심으로 바라며 독자 분들의 많은 성공담을 기대해 본다.

# 마케팅 때문에 고민입니다

실전에서 바로 써먹을 수 있는
마케팅 비법을 알고 싶은 당신에게

**초판 1쇄 발행** ┃ 2019년 09월 05일
**초판 17쇄 발행** ┃ 2021년 08월 27일

**지은이** ┃ 이승민
**기 획** ┃ 엔터스코리아(책쓰기 브랜딩 스쿨)
**펴낸이** ┃ 최화숙
**편집인** ┃ 유창언
**펴낸곳** ┃ 이코노믹북스

**등록번호** ┃ 제1994-000059호
**출판등록** ┃ 1994. 06. 09

**주소** ┃ 서울시 마포구 성미산로2길 33(서교동), 202호
**전화** ┃ 02)335-7353~4
**팩스** ┃ 02)325-4305
**이메일** ┃ pub95@hanmail.net ┃ pub95@naver.com

ⓒ 이승민 2019
ISBN 979-89-5775-204-3 03320
값 15,000원